万榕

传播新知 优美表达

人性的弱点

[美] 戴尔·卡耐基——著
曹顺发——译

SPM 南方传媒 | 花城出版社
中国·广州

图书在版编目（CIP）数据

人性的弱点 / (美) 戴尔 · 卡耐基著 ; 曹顺发译
. — 广州 : 花城出版社, 2024.8
ISBN 978-7-5749-0201-5

Ⅰ. ①人… Ⅱ. ①戴… ②曹… Ⅲ. ①心理交往 – 通俗读物 Ⅳ. ①C912.11-49

中国国家版本馆CIP数据核字（2024）第076545号

出 版 人：张　懿
选题策划：王会鹏
翻译统筹：刘荣跃　董淑铭
责任编辑：王铮锴
特约编辑：李　明
责任校对：卢凯婷
技术编辑：林佳莹
封面设计：任展志

书　　名 人性的弱点
RENXING DE RUODIAN
出版发行 花城出版社
（广州市环市东路水荫路 11 号）
经　　销 全国新华书店
印　　刷 清淞永业（天津）印刷有限公司
（天津市宝坻区马家店工业区）
开　　本 880 毫米 ×1230 毫米　32 开
印　　张 10
字　　数 175, 000 字
版　　次 2024 年 8 月第 1 版　2024 年 8 月第 1 次印刷
定　　价 48.00 元

如发现印装质量问题，请直接与印刷厂联系调换。
购书热线：024-23284481

本书谨献给一位无须阅读它的人：

我的挚友

荷马·克洛伊

本书助你成功的 8 件事

1．摆脱思维定式，培养新思维，拓展新视野，树立新的奋斗目标。

2．迅速轻松交友。

3．增添人气。

4．争取他人同意你的看法。

5．增强影响力、声望以及成事的能力。

6．处理抱怨，避免争论，确保与他人的交往顺利而愉快。

7．成为一名优秀的演讲者、风趣的谈话者。

8．激发同事们的热忱。

本书已为使用36种语言的一千多万读者达成了以上心愿。

修订版前言

《人性的弱点》于1936年首次出版，当时的发行量仅为5000册。戴尔·卡耐基和出版商西蒙及舒斯特均未指望该书的销量超过这一数字。让他们吃惊的是，该书竟然一夜走红，继而只得一版接着一版地印刷，以满足日渐增多的大众之需。作为全球当下最畅销的书之一，《人性的弱点》在出版业历史上占有了一席之地。它触动了人们的神经、满足了人性的需求。这绝不是大萧条后期的一种短暂现象，它的销售不间断地延续到半个世纪后的20世纪80年代，无疑证明了这一点。

戴尔·卡耐基曾说过，要挣到100万美元容易，而要在英语语言中植入只言片语则难。《人性的弱点》则成了这样的只言片语：从政治卡通到无数的小说文本中，都引用、解释以及仿拟过《人性的弱点》。该书在现存的每种语言中均有译本。每一代人都发现该书既新颖又与其生活息息相关。

这一点给我们带来了一个逻辑上的思考：一本已经证明并将继续证明其活力、具有全球魅力的书，为什么还要加以修订呢？成功之作还要鼓捣些什么呢？

要回答这个问题，我们必须意识到，戴尔·卡耐基生前就是一位对自己的作品孜孜不倦的修订者。作者曾把《如何赢得朋友及影响他人》用作自己《有效演讲及人际关系》课程的教材，现在该课程仍用该教材。到1955年去世为止，他仍在不停地修改、完善该课程，好让它适用于不断增多的大众需求。对于当今生活的变化趋势，没人比戴尔·卡耐基更为敏感。他不停地提高并精炼自己的教学方法，还将自己的《有效演讲》更新了数次。倘若他活得更长久些，他本人一定会对《如何赢得朋友及影响他人》进行修订，以便更好地体现自20世纪30年代以来所发生的种种变化。

在第一版印刷时，该书中出现的许多名人可谓家喻户晓，当下的许多读者对此有些陌生。书中的一些例证和词句，在当今的读者看来，似乎跟维多利亚小说中的词句一样古怪、过时，就此而言，该书的主要信息和整体影响受到一定程度的削弱。

因此，我们此次修订的目的是向现代读者澄清并强化该书，除了删除及增加几处当代的例证外，我们没对《如何赢得朋友及影响他人》的内容做出“修改”。戴尔·卡耐基那种直率、清新的风格完好无损——甚至连20世纪30年代的俚语也依然保留着，一如其演讲。

因此，无论在本书中还是在其工作中，他的声音仍一如既往地铿锵有力。世界各地正在接受卡耐基课程培训的人数以千计，这一数字还在逐年上升。其他数以千计的人也正在阅读《如何赢得朋友及影响他人》，并运用书中推荐的各种原则去完善自己的生活方式。我们本着精心打磨工具的精神，将本次修订版奉献给各位读者。

多萝西·卡耐基（戴尔·卡耐基夫人）

序

在20世纪的前35年期间，美国出版商出版了共计20多万本不同种类的书籍。其中大部分味同嚼蜡，许多还亏了血本。世界上最大出版公司之一的总裁曾向我坦言，自己旗下拥有75年出版经验的公司，每出版8本书就有7本是亏本的。

那么我怎么也冒冒失失地再写一本书呢？而且在我写好之后，你又为什么还费心费力地去阅读它呢？

这两个问题再自然不过了，我打算尽力予以回答。

自1912年开始，我一直从事纽约商界和职业人士的教育课程。我起初只举办各种演讲课程，一种培训成年人的课程，我旨在运用实际经验，站在他们的角度，指导他们更明确、更有效、更沉着地表达自己的想法，无论是在商务会谈中，还是在各种团体面前。

可是经过几场演讲培训后，我渐渐发觉这些成年人的确非常需要有效演讲方面的培训，而且在日常商务及社交方面，他们更需要得到与人相处艺术的培训。

我也渐渐觉察，连我自己也亟需这方面的培训。当我回顾起过去的岁月，我吃惊地发现自己就缺乏策略和理解力。我多希望20年前手里就有这样一本书！如果有的话，那将是一种莫大的恩惠。

如何与人打交道也许是你面临的最大问题，假如你是一位商人，这一问题尤其如此。这话一点儿不假。就算你是一位家庭主妇、建筑师，或者工程师，情况也是一样的。卡耐基教育促进基金会数年前曾资助过一项研究项目，该研究揭示了一个极为重要且富有重大意义的事实，而这一事实在卡耐基技术研究所后期追加调查中已得到了证明。这些调查显示，即使在工程类技术领域中，一个人想在经济方面取得成功，15%取决于其专业技术知识，而剩余的85%，取决于人际交往方面的技巧、人格魅力，还有引领他人的能力。

多年以来，我每次都为费城工程师协会讲授培训课程，同时也为美国电机工程协会纽约分会开班。总计有1500多位工程师参加了我这个班的培训。他们来参加这一培训班，是因为他们通过多年的观察和经验最终意识到，在工程领域获得最高酬劳的人员常常不是最懂得工程学的人。比如说，一个人付出一点象征性工资，就可以聘用到工程、会计、建筑或其他专业的技术人员。不过，既有技术知识，又能发表自己独到见解、担任领导职责、激发他人热情的人，自然就更有挣钱的潜力。

约翰·D.洛克菲勒在其事业的鼎盛时期说过："与人打交道的能力，就像糖或者咖啡等商品一样是可以购买的。"他还说过，"要得到那种能力，我愿意付出比天底下任何东西都昂贵的代价。"

为了开发这天底下最有价值的能力，你不认为国内每所大学都应该开设一些类似课程吗？可是截至我撰写本书之时，即便国内有一所大学专为成年人设有一门类似实用性常识的课程，也未能引起我的注意。

芝加哥大学和基督教青年会联合学校曾举行过一次调查，旨在确定成人究竟想要研究些什么。此次调查历时两年，花掉了25000美元。该调查的最后部分是在康涅狄格州的梅立顿进行的。梅立顿被认为是典型的美国城镇。那里的每一名成年人都接受过采访，同时还应邀回答了156个问题，比如说，"你从事的是什么职业或专业？你的学历程度如何？你怎样度过业余时间？你的收入是多少？你有哪些爱好？你有什么志向？你有哪些问题？你最关注的学科都有哪些？"等等。此项调查的结果显示，成年人最为关注的是健康，其次就是人：如何了解他人、如何与他人相处、如何让他人喜欢自己、如何使他人同意你的看法。

负责此项调查的委员会决定为梅立顿的成年人举办这样的课程。他们千方百计地寻找一本相关话题的实用书籍，结果却一无所获。最后，他们去拜访一位闻名于世的成人教育权威，问他是否知道一本能满足这组人群所需的书。“不知道。”那位教育权威回答，“我知道那些成人需要什么，可是他们所需要的书还未见人写过。”

凭着经验，我知道他这话说的是实情，因为我自己多年以来也在寻找，希望能获取一本实用而有效的人际关系手册。

鉴于此书并不存在，我才尝试为自己的培训课程撰写了一本。就是这本书。我真心希望你们能够喜欢它。

为了撰写这本书，我曾经查阅了所有能找到的有关该话题的资料——从报纸栏目、杂志文章、家庭纠纷法庭记录，到先前哲学家及目前心理学家的著述。除此以外，我还雇用一位训练有素的研究人员花了 1 年半时间，在各家图书馆中查阅我所遗漏的一切资料，探究各种旁征博引的心理学巨著，深入思考数百种杂志中的文章、搜索无数名人传记，旨在确认各个时代的领导者们的待人接物方法。我们阅读了他们的传记，也阅读了从尤利乌斯·恺撒到托马斯·爱迪生的生平记事。仅西奥多·罗斯福的传记，我自己就阅读过 100 多本。

我们决定不惜任何时间和金钱，也要找出古往今来那些曾提出过有关赢得朋友和影响他人的切实建议的先贤。

我曾亲自访问过几十位成功人士，其中一些还是世界名人，例如发明家马可尼和爱迪生、政治家富兰克林·D. 罗斯福和詹姆斯·法利、商界领袖人物欧文·D. 杨、电影明星克拉克·盖博和玛丽·碧克馥，以及探险家马丁·约翰逊，旨在发现他们曾采用过的人际关系方面的技巧。

借助所有这些资料，我准备了一场简短的演讲。我给这场演讲取名“如何交友和影响他人”。我之所以说是“简短”，首先就是因为它的确很短，之后不久才逐渐扩展为长达 1 小时 30 分钟的演说稿。多年以来，在纽约卡耐基研究所的授课期间，我每次都要对那些成年人做一次这样的演讲。

给他们演讲之后，我要求他们在商务和社交中加以实验，然后回到培训班讲述自己的经历和取得的效果。这是多么有趣的一次课后作业！一想到这种新式实验室的工作，那群急于自我改进的男女学员都感到非常着迷。这可是专为成人所设的绝无仅有的第一个人际关系实验室。

本书并不是按照通常意义撰写而成的，而是像一个孩子那样成长起来的。它是从实验室和成千上万的成年人的经验中成长、发展起来的。

多年前，我们把一套规则印在明信片大小的卡片上。到了下一次培训时，我们印制出更大的卡片，然后是印出小册子，再后来是一套小书。每次的尺寸、范围都加以扩大、充实。经过 15 年的试验和研究才推出了这本书。

我们在这里所推出的规则不是什么理论，或者揣测，它们有着十分神奇的效果。这听起来似乎令人难以置信，可据我亲眼所见，这些原则的采用确实改变了不少人的生活。

比如说，一位拥有 314 名员工的老板参加了这个培训班的课程。多年以来，他毫无顾虑地驱使、批评、斥责手下的员工。至于仁慈、感激和鼓励的话，他一句也没说过。在研究本书中所讨论的原则以后，这位老板骤然地改变了自己的人生哲学。现在，他经营的这家公司充满着一种新的忠诚、新的热忱、新的团队精神。原来那 314 个仇敌也变成了 314 个朋友。他在培训班的一次演讲中骄傲地说道："过去，每当我来往于公司，没有人跟我打过招呼。那些员工一见到我走近他们，就马上把脸转了过去。现在，他们都成了我的朋友，甚至连看守大门的人跟我打招呼时都直呼我的名字。"

这位老板赢得了更多的利润、更多的业余时间，更为重要的，就是他从商务活动和家庭生活中获得了更多的快乐。

通过运用培训班里学到的这些原则，猛然间就提高了自己销售量的销售员数不胜数。许多销售员让过去无法说服的人都成了他们的新客户。公司的高管人员不但获得了更大的职权，还获得了加薪。有一位高管人员说，他由于运用了这些原则而获得大幅度的加薪。另外一位费城的煤气公司高管人员，由于他好斗以及不擅引导他人，竟在65岁时进入降职之列。然而，这次培训不但化解了他的降职危机，还让他既升职又加薪。

培训课程结束时，应邀参加宴会的学员配偶在无数个场合对我讲，自己的丈夫或者妻子自参加这次培训后，他们的家庭生活比从前快乐了许多。

人们常常为自己取得的效果感到吃惊，简直就像出现了奇迹似的。有些时候，他们一时兴起，还在星期天给我打电话，因为他们不愿意再等48小时在正常上课时候告诉我。

有个人深受这些原则的影响并被一场演说打动，竟然跟班上的其他同学讨论到深夜时分。等到他凌晨3点回家时，他才猛然发现自己犯了一个错误——面对展现在他眼前的一个充满意义的新世界，他激动得无法入睡。当晚、第二天及晚上他根本就没睡觉。

这人是谁呢？是一位遇上任何新理论就要大侃一通的天真、少不更事之人吗？不是，绝对不是。他是一位老于世故的艺术品经销商、一个纨绔子弟、一个能流利讲3种语言且毕业于两所欧洲大学的人。

就在我撰写本部分时，收到毕业于我的母校的一位德国人的来信。此人是一位贵族，他的祖先曾在霍亨索伦王室当职业军官。这封信写于一艘横跨大西洋的邮轮上，他谈到了对这些原则的运用，信中所充满的热情差不多达到了宗教狂热的地步。

另外一位——一个老纽约人、哈佛大学毕业生、富翁、一家大型地毯厂的老板——声称，通过这一培训方法，他在14周时间里学到的影响他人的艺术，比他在大学4年里同一科目中得到的还要多。这听起来很荒谬？很可笑？不可思议？当然，你完全有权利用任何形容词来反驳上面的说法。我不过是不加任何评语地转述而已，此处转述的是一位保守却相当成功的哈佛大学毕业生的现身说法，这话可是他1933年2月23日晚上在纽约的耶鲁俱乐部面对大约600位听众公开演说时亲口说的。

“相比我们应取得的成就，”哈佛大学知名教授威廉·詹姆斯曾说，“我们不过是处于半清醒状态，我们只不过是在利用身心资源的一小部分而已。说得宽泛些，每个人都因此而生活在自己的极限中，还有各种各样的资源潜能因为习惯的缘故而未加利用。”

那些可是你“未加利用”的种种潜能啊！本书的唯一目的就是帮助你发现、开发并利用那些沉睡、尚未利用的种种财富！

普林斯顿大学前任校长约翰·G.希本博士说道："教育就是应付人生中各种场景的能力。"

如果你看完本书的前三章——到那时你如果对应付生活场景仍未做好一半的准备，就你而言，我认为这本书就是个彻底的失败品！因为"教育的伟大目的，"赫尔伯特·斯宾塞说道，"不是知识，而是行动。"

这就是一本行动的书！

戴尔·卡耐基

1936年

目录

从本书中获取最大益处的9项建议

1．如果你打算从本书中获取最大的益处，那得具备一个不可或缺的条件，一个比任何规则或技巧都重要得多的条件。除非你拥有这一基本条件，否则哪怕你钻研1000条原则也是无济于事的。假如你的确拥有这一基本天赋，那你不必从任何书中获益也能创造出奇迹来。

这神奇无比的条件到底是什么呢？它就是：一种深深的求知欲、一种增加你待人接物能力的强烈决心。

要怎样才能触发这一决心呢？那就是经常提醒自己这些原则对自己是何等重要。你不妨这样去想象，一旦掌握这些原则，你将过上更多彩、更充实、更快乐、更有成就的生活。你要一次又一次地提醒自己："我的人气、我的快乐和价值观，在很大程度上取决于自己的待人接物的技巧。"

2．首先迅速浏览每一章以求得一个大致概念。接下来，你或许禁不住想赶紧去看下一章。不过，我倒建议你别这样，除非你仅是为了消磨时间才去浏览的。如果你是为提高人际关系技巧而去阅读的话，那就请你折回去，重新通读每一章。从长远的角度来看，这意味着既省时间又有效果。

3．在阅读的同时，你不妨常做停顿，思考一下自己读到的是些什么。问问自己在何时、该怎样运用每一项建议。

4．阅读本书时，手持一支彩笔、铅笔、钢笔或者荧光笔。当你读到自己觉得可以采用的建议时，就在其旁边画出一条线来。如果那是一条 4 星级的建议，就在每个句子下面画出一道粗线，或强调，或标上星号。在本书上画线和标注符号，不仅让本书更具趣味性，而且在温习时也会迅速得多。

5．我认识一位女性，她在一家大型保险公司担任过 15 年的经理。她每个月审阅公司所签订的所有保险合同。没错，她每月、每年都审阅许多相同的保险合同。她为什么要这么做呢？因为经验告诉她，这是她记住保险合同条款的唯一办法。

我曾差不多花了两年时间来撰写一本有关演讲的书籍，然而我发觉，要记住书中所写内容，我不得不随时回头翻阅。我们忘事的速度的确令人吃惊。

所以，如果你要从本书中获得真实而持久的益处，千万不要认为草率过目一遍就够了。通读本书之后，你每月都应该抽出几小时加以温习。把书放在自己面前的书桌上，常常翻阅。为了加深自己的印象，要持续不断地运用众多可改进的方法。请记住，要使这些原则的运用成为一种习惯，除了时常温习和不断积极主动地运用外，别无他法。

6．萧伯纳曾说：“如果一个人什么都得靠人去教，那他永远学不会。”他这话没错。学习是一个积极的过程。我们在应用中学习。因此，如果你想要掌握好在本书中学到的原则，那就行动起来吧。只要有机会就运用这些原则。如果你不这样做，很快就会把这些原则忘得一干二净。知识只有运用才可能久久地留在脑海里。

要随时运用这些原则，你或许会感觉这是一件难事。这一点我是知道的，因为我写了这本书，也发觉要推行自己所倡导的一切十分困难。比如说，当有人惹得你不高兴时，你更容易批评和斥责对方，而不是试图了解对方的观点。也就是说，找出对方的错处要比赞扬对方容易得多。相比谈论对方的需要而言，谈论你自己的需要显然要自然得多。所以在你读这本书的时候，有一点要记住，即你不只是想从本书中获取知识，而是试图养成一些新的习惯。啊，对了，你是在尝试着一种新的生活方式。而这就需要时间、毅力和日复一日的实践。

所以，你要经常阅读本书，还要把它看作是一本人际关系的工作手册。你无论什么时候遇到某个特殊问题——比如怎样对待一个小孩、如何争取配偶同意你的看法、如何安抚一位怒气冲冲的顾客——别冲动行事，也就是意气用事。这种做法通常会出岔子。相反，请翻到本书你曾标注的页码，温习你曾经画过粗线的段落。接着尝试这些新方法，看一看它们会带给你的奇迹。

7. 每当你的配偶、子女或者同事发现你违反某一原则，不妨掏出一角钱或者一块钱给他们，让掌握这些原则成为一种有趣的游戏。

8. 有这样一名学员，他是华尔街声誉极高的一家银行的经理。在培训班的一次演讲中，他曾描述自己采用了一种极有效的自我改进方法。这位经理几乎没受过什么正规教育，但他现在却是美国最为重要的金融家之一。他承认自己今天的成就，大多得益于运用了他自我设计出来的土方法。他的做法如下（我将尽力凭我的记忆再现他当时的原话）：

“多年以来，我一直保留着一本记录簿，上面记着当天的所有约会。我的家人从不在星期六晚上为我制订任何计划，因为他们知道我会腾出当天晚上的一部分时间，进行自我反省、回顾和评估。吃过晚饭后，我独自离去并翻看着自己的记录簿，回忆那个星期所有的会谈、讨论和会议。我问自己：

‘我那一次都做错了什么事?’‘我做对了什么事，我怎样才能改进自己呢?’‘我从那次经验中能得到些什么教训呢?’

“我常常发觉这每周一次的回顾让自己很不开心。我也经常为自己犯的错而感到惊讶。当然，随着时间的推移，这类错误呈递减趋势。每当这样回顾一次，我有时就有些自鸣得意。这种自我分析、自我教育的方法年复一年地持续了下来，它带给我的益处大大超出我尝试过的其他任何方法。

“这种方法帮助我提高了自己的决策能力，也使我在与人交往方面获益匪浅。所以我强烈推荐这一方法。”

为什么不采用某种类似方法，以便检验你对本书所讨论原则的运用情况呢？如果你这样做了，会产生两个结果：

其一，你会发觉自己正在参与一个既有趣又宝贵的教育过程。其二，你会发觉自己与人会面、打交道的能力大有长进。

9. 你可以记录下自己运用这些原则时所取得的一切成绩。记录要具体。给出姓名、日期、结果。保留类似记录会激励自己做出更大的努力。在多年以后的某个晚上，当你突然看到这些时，你会发现它们是多么吸引人！

要从本书中获得最大的益处，你就必须：

(1)培养出一种深深的求知欲，以便把握人际关系原则。

(2)先把某一章阅读两遍，再进行下一章。

（3）在阅读的同时，不时停顿下来，问问自己该怎样运用每一条建议。

（4）标注所有重要观点。

（5）每月温习本书。

（6）有机会就要运用这些原则。把本书当作一本解决日常生活的工作手册。

（7）某个朋友发现你违反其中某个原则时，不妨掏出一角钱或者一块钱给他们，以此把学习当作一场有趣的游戏。

（8）每周检查自己取得的进步。问问自己犯了哪些错误、得到了什么提高、为未来获取了哪些教训。

（9）在本书后面记下笔记，写明自己什么时候以及如何运用过这些原则。

第一章　待人接物的基本技巧

“真心取蜂蜜，蜂房不可踢。”

1931年5月7日，发生在纽约市的一场史无前例、最为轰动的犯人追捕活动达到了高潮！历经数周的搜查，烟酒不沾、有“双枪”之称的凶手科劳利被围困在西末街他情人的公寓里。

150名警察及侦探将科劳利包围在他所在公寓顶层的藏身处。围捕人员在屋顶上凿开了几个洞，试图用催泪弹把凶手科劳利熏出来。附近的建筑物上架满了警方的机枪，在这个非常不错的住宅区里，响起了一阵阵“嗒嗒嗒”的机枪声和“砰、砰”的手枪声，时间持续了1个多小时。科劳利蹲伏在一张加厚的椅子后面，接连不断地向警察还击。成千上万的市民兴致勃勃地观看着这场战斗。像发生在纽约市内人行道上的这样的场面，人们还从来没有见到过。

当科劳利被捕获后，警察署长 E.P. 穆尔罗尼称这名“双枪”歹徒是纽约有史以来遇到的最危险罪犯之一。这位警察署长还评论道：“科劳利动辄大开杀戒。”

可是，“双枪”科劳利又是如何看待自己的为人呢？我们知道，就在警方人员朝他藏身的公寓射击之时，科劳利写了一封“致有关人士”的公开信。就在他写信之时，他身上几处伤口流出的血在那张信纸上留下了一道鲜红的印迹。科劳利在这封信中写道：“在我的外套里面跳动着一颗疲惫的心——一颗仁慈的心——一颗不愿意伤害任何人的心。”

就在该事件发生前不久，科劳利在长岛附近的一条乡村公路上跟女朋友搂着脖子接吻。这时，一名警察突然来到他的车旁说道：“请出示你的驾照。”

科劳利二话没说，拔出手枪，朝着那名警察就是一梭子子弹。就在那名警察倒地的一刹那，科劳利从车里跳了出来，夺过他的手枪，还朝趴在地上的那具尸体开了一枪。这就是科劳利所谓的“在我的外套里面跳动着一颗疲惫的心——那是一颗仁慈的心——一颗不愿意伤害任何人的心”。

科劳利被判坐电椅处以极刑。当他来到星星监狱的受刑室时，他说过“这就是我杀人作恶的下场”之类的话吗？他才没呢，他说的是：“这是我因自卫而得到的下场。”

这个故事后面隐含着的意义是，“双枪”科劳利竟然对自己的行为没有一丝的自责。

难道罪犯都持这种非同寻常的态度吗？如果你是这样想的，就请你再听听下面这段话吧：

“我一生中最美好的岁月都在使人们获得更大的快乐，帮助他们舒服度日，而我得到的却是侮辱，过着遭人搜捕的日子。”

这是阿尔·卡彭的原话。没错，此人是美国最臭名昭著的公敌，一度横行于芝加哥的最凶恶匪首之一。他非但不谴责自己，事实上却把自己看成是个有益于公众的人——一个未曾受到赞许，反遭误解的有益于公众的人。

在纽瓦克遭到匪徒乱枪射死的达奇·舒尔茨也是如此。在他死亡前，这个纽约最为声名狼藉的告密者曾接受过新闻记者的采访，他说自己是一位有益于公众的人，而且相信自己就是这样一个人。

就这一话题，我和刘易斯·劳斯曾有过一些有趣的信件往来。劳斯曾担任纽约臭名昭著的星星监狱狱长多年。他说：“在星星监狱中，没有几个罪犯认为自己是坏人，他们跟你我一样都是人，因此一样能言善辩。他们可能会告诉你，说他们为什么要撬开保险箱，或者快速拔枪伤人。他们多数人都试图为自己的反社会行为辩护，其推理方式或许是谬误的，也或许是符合逻辑的，最后他们都坚持认为自己本不应被囚禁起来。”

如果说阿尔·卡彭、“双枪”科劳利、达奇·舒尔茨以及监狱高墙后那些玩命的男女暴徒完全没有自责心理，那你我所接触的那些人又是怎样的呢？

沃纳梅克百货商场的创始人约翰·沃纳梅克，有一次曾这样坦然说道：“责备他人是愚蠢的，我在30年前就意识到了这一点。我就连克服自己的缺陷已颇感吃力，哪里还顾得上去抱怨上帝没把智力做均衡分配呢。”

沃纳梅克很早就学会了这一课，可是我在这世上盲目穿行了30多年之后才悄然领悟到：100次中有99次，人们都不会为任何事情进行自我批评，哪怕是错到无以复加的程度也是如此。

批评是徒劳无益的，因为它会使人采取防御手段，而且往往使其竭力替自己辩护。批评也是危险的，因为它会伤害一个人那可贵的自尊、自重感，同时还会激起他的反感情绪。

世界知名心理学家B.F.斯金纳通过无数次的实验证明，相比因表现糟糕而受到惩罚的动物，因表现良好而得到奖赏的动物会学得更快，对所学东西的效果也保持得更久一些。后来的种种研究表明，这实验对人类一样适用。我们用批评的方法不仅无法做到永久的改变，反而常常招致反感。

另一位著名心理学家汉斯·塞尔威说道：“我们极其渴望得到赞许，但非常害怕谴责。”

批评引发的怨气不仅让员工、家庭成员以及朋友们灰心丧气，同时也弥补不了谴责所带来的危害。

乔治·B.约翰逊来自俄克拉何马州的恩尼德，是一家工程公司的安全协调员。他身兼数职，其中之一就是对现场工作人员进行检查，以确保他们上班期间随时戴着头盔。根据他的讲述，每当遇上没戴头盔的工人时，他总是拿出条款的权威性来跟他们对话，还强调他们必须照办。结果，对方总是绷着脸勉强接受了他的意见，往往在他离开后又把安全帽取了下来。

他决定换种方式试一试。他下一次发现几名工人没戴安全帽，便问他们戴着安全帽是不是不舒服，或者安全帽不太合尺寸。紧接着他提醒他们几位，说安全帽的设计是为了防止他们受伤，建议在上班时随时戴着。其结果是人们更遵守规定，既无反感情绪，也不见情感波动。

批评是收不到效果的。在历史长河中，这种例证可说是不胜枚举。比如说，西奥多·罗斯福和塔夫脱总统之间发生的那场著名的争论——这场让共和党产生分裂的争论使威尔逊入主白宫，并在第一次世界大战中写下了英勇而光辉的史迹，从而改变了历史的进程。我们不妨快速回顾一下其中一些史实。当西奥多·罗斯福在1908年离开白宫的时候，他支持当选总统塔夫脱，然后自己去非洲狩猎狮子。当他返回时，他气得暴跳如雷。他指责塔夫脱的保守主义，于是谋求第三次总统竞选提名，甚至还组建了美国进步党，这几乎给老大党（即共和党）带来了灭顶之灾。在随后的选举中，威廉·霍华德·塔夫脱和共和党仅获得佛蒙特州和犹他州的支持，这是共和党有史以来最具灾难性的一次失败。

西奥多·罗斯福指责塔夫脱，可是塔夫脱责备自己了吗？当然没有。塔夫脱两眼含着泪水说道："除了我已做的，就是不明白还该怎么做。"

究竟是谁做错了？是西奥多·罗斯福，还是塔夫脱？说实在的，我不知道，也不在乎。不过我想有一点可以指出，那就是西奥多·罗斯福所给予的一切批评并没有说服塔夫脱，让他觉得自己不对，反倒使他极力替自己辩护，还两眼含着泪水反复说道："除了我已做的，就是不明白还该怎么样做。"

我们再以茶壶顶石油丑闻为例。20世纪20年代的这一事件让新闻界非常愤慨，还震惊了整个国家！就美国人的记忆所及，公务生活中还从没发生过类似的情形。这桩丑闻的真实情况是这样的：阿尔伯特·B. 福尔时任哈定总统内阁的内政部长，他受委派负责政府在爱尔克山和茶壶顶石油储备的出租事宜。此处的石油储备是预留给未来的海军用的。福尔部长允许竞标了吗？不，他没有。福尔把这份合同直接给了他的朋友爱德华·L. 杜亨尼。杜亨尼又干了些什么呢？他把自己乐意称之为“贷款”的10万美元送给了这位福尔部长。接着，福尔部长又用高压手段命令美国海军进驻该地区，以此来赶走其他竞争对手——他们邻近的那些油井正在吮吸爱尔克山的石油储藏。那些被枪杆和刺刀赶走的竞争者纷纷跑进法庭，“揭开”了茶壶顶丑闻。该事件引发的影响之恶劣，几乎毁灭了哈定政府，国人一片哗然，几乎搞垮了共和党，还把阿尔伯特·B. 福尔送进了大牢。

福尔受到了严厉的谴责，公务人员中很少有遭到这般谴责的！他后悔了吗？不，根本没有！赫尔伯特·胡佛在几年之后的一次公共演讲中暗示，哈定总统因遭到了朋友的出卖而死于心力交瘁。当时在座的福尔夫人一听这话就从座椅上跳了起来。她紧握双拳，尖声抗辩道：“什么？哈定是被福尔出卖的？不可能！我丈夫从未出卖过任何人。即使这个大厅里堆满了黄金，也不会诱使我的丈夫做坏事。他才是被人出卖后才走向刑场被并钉上十字架的。”

你瞧瞧，人性使然，自己做错了事只会责备他人，而绝不会责备自己。我们每个人都是这样的。因此，当你我打算明天去批评他人的时候，请记住阿尔·卡彭、“双枪”科劳利以及阿尔伯特·福尔吧。恳请大家明白这一点：批评就像家鸽，它们永远会飞回家的。让我们明白这一点：凡我们想要矫正或谴责的每个人，都极可能会为自己辩护，甚至反过来谴责我们。就像那位温和的塔夫脱，他也会说："除了我已做的，就是不明白还该怎么做。"

1865年4月15日早晨，亚伯拉罕·林肯躺在一家简陋公寓大厅的卧室中，奄奄一息。这家公寓就在他遭到约翰·威尔克斯·布斯枪击的福特戏院的对面。林肯瘦长的身体，斜躺在一张过短的下陷床上。一幅低廉的罗萨·博纳尔的名画复制品《马市》挂在床头上方，一盏煤气灯闪烁着幽暗的黄色光亮。

就在林肯弥留之际，陆军部长斯坦顿说道："这里躺着的是世界上最完美的元首。"

林肯待人成功的秘诀是什么呢？我曾花了10年时间去研究亚伯拉罕·林肯的一生，同时又花了整整3年时间去撰写、重写一本有关他的书籍，名为《鲜为人知的林肯》。我相信自己已竭尽所能，对林肯的人格和家庭生活做了详尽而周到的研究。我特地研究了林肯的待人之道。林肯曾肆意批评过他人吗？是的，他年轻时住在印第安纳州的鸽溪谷，他不但批评过，还写信、作诗去讥笑过他人，他把写好的信件扔到一定会被人捡到的乡村路上，其中一封信引来了他人不共戴天般的仇视。

林肯甚至在伊利诺伊州斯普林菲尔德做了律师后，还在报纸上公开刊登自己的信件攻击对手。这种事情哪怕只做一次也嫌过头了。

1842 年秋季，林肯就曾讥笑过詹姆士·希尔兹——一个自大而好斗的政客。林肯在《斯普林菲尔德杂志》上刊登一封匿名信讽刺他，引得全城的人哄然大笑。敏感而自负的希尔兹被这件事弄得怒火中烧。他一查出这封信的始作俑者，便跃身上马，直奔林肯而去，试图和他进行一场生死决斗。林肯不愿意打架，也反对决斗，但又不能跳出困境保全面子。希尔兹让他自己选用武器。由于林肯的两条手臂特别长，就选用了骑兵大刀，还跟一位西点军校的毕业生学过几招刀法。到了指定的日期，他和希尔兹约见在密西西比河的一个沙滩上，准备一决生死。好在最后一刻，由于双方助战者的调解，这场决斗才得以停止。

在林肯一生的个人经历中，那一次算得上是最为恐怖的事件了。这件事在林肯待人艺术方面给了他一个极为宝贵的教训。此后，他再没有写过有辱他人的信件，也不再讥笑他人。从那时候开始，他几乎不为任何事而批评任何人。

美国内战期间，林肯屡次为波特马克部队委派新的将领，可是麦克勒伦、柏布、波恩塞德、胡克、梅德等将军一个接一个地犯下严重的错误，逼得林肯绝望地在屋子里来回踱步。几乎半数的国人纷纷谴责这些难当重任的将领，不过林肯却坚持以“无恶意于任何人、慈悲为怀待众”的态度保持着平和。他最喜欢的格言之一就是“不议人，人不议”。

当林肯夫人以及其他人十分刻薄地谈论起南方人时，林肯的回答则是：“不要批评他们，处于相同情形时，我们也会像他们一样行事的。”

然而，如果当时有人想寻机批评他人的话，林肯无疑随时都有这种机会。我们不妨来看看下面这个例证：

葛底斯堡战役在 1863 年 7 月的前 3 天打响。7 月 4 日的整个夜里，全国各地的雷雨泛滥成灾，南方盟军的李将军开始向南边撤退。当李将军带着惨败的军队到达波特马克河时，发现面前是一条因洪水暴涨而无法渡过的河流，而获胜的联邦军队正从后面紧追而来。处于围困中的李将军可谓进退维谷。这一点林肯十分清楚。这可是天赐良机——抓获李将军，立即结束这场战争。林肯满怀期望，命令梅德不必召开军事会议，立即向李发起进攻。林肯先用电报发出命令，然后派出特使命令梅德立即采取行动。

可是这位梅德将军又是如何处理的呢？他所采取的行动跟林肯的命令刚好相反。他违背林肯的命令，召开了军事会议。他犹豫不决、延误战机。梅德在复电中编织了各种借口，直截了当地拒绝进袭李将军。最后洪水退去，李将军和他的军队就这样渡过了波特马克河。

得知这件事之后，林肯怒不可遏："这样做是什么意思?"他冲着儿子罗伯特高声喊叫道，"我的天啦！这到底是什么意思？他们就在我们的掌控之中，我们只消一伸手，他们就成了我们的囊中之物。我可是能说的都说了、能做的都做了，就是没法让那支部队前进一步。在那种情形下，任何将领都能带兵把李打得一败涂地，就算我自己去那儿，也能打败他。"

带着极度的失望心情，林肯坐下来给梅德写了下面一封信。请记住，在林肯一生中，他在这期间是一个极端保守的人，言辞也是非常有自控力的，所以这封写于1863年的信无异于是最严厉的一种斥责。

亲爱的将军：

我绝不相信你会因李的逃走引发的重大不幸而庆幸。他已被我们轻易围困住了，如果将他抓获，再加上我们最近在其他地方的战果，这场战争可以立马结束。照现在的情形来推断，战事将会无限期延长。如果你上星期一都没能毫无差池地击败李将军，那么你现在的人马仅为当时的三分之二，又岂能在大河的南岸击败他？这种期待不太可能，我不指望你现在会有多大的把握。你的黄金机会已消失了，我因此而沮丧得无以复加。

你猜想，当梅德看到这封信后将做出何种反应呢？

不过，梅德从来就没有见到这封信。林肯压根儿就没有把这封信寄出去。这封信是在林肯去世后，人们在他的文件中发现的。

我的猜想是——这只是一个猜想而已，林肯在写好这封信后，望着窗外喃喃自语：

“等一等，我或许不该这样匆忙。我坐在这宁静的白宫里向梅德发出进攻的命令，那倒是一件轻而易举的事，可如果是我上了葛底斯堡前线，如果我也看到梅德上星期以来所看到的那些血腥场面，如果我的耳朵也听到了死伤者的呼叫、呻吟，也许我也不会急于向李的军队发起进攻。如果我的个性也跟梅德一样懦弱，我或许也会像他那样去做的。不管怎样，现在是桥下水流过，无法再回头。我如果将这封信发出去，固然可解除我一时的心头不快，但是梅德也会替他自己辩护，他也会反过来谴责我，会引起他对我的极度厌恶，会影响到他今后再发挥指挥官的作用，甚至还会逼他从此告别军队。”

因此，正如我已经说过的那样，林肯把信搁置到了一边，因为痛苦的经历让他明白，尖锐的批评和斥责是不会有什么效果的。

西奥多·罗斯福曾经说过，在他担任总统期间，如遇到难以克服的问题时，他会往座椅后面一靠，仰头看着办公桌上方挂着的那幅巨大的林肯画像，同时扪心自问："如果林肯是我的话，他将会怎么办呢？他将如何去解决这个问题呢？"

以后，如果我们想批评他人时，那就从口袋里掏出一张5美元的钞票，仔细看看钞票上林肯的像，然后问自己："如果林肯面临这类事情，他将会如何处置呢？"

马克·吐温也有偶尔失控的时候，会写出一些令人难堪不已的信件。比如，他曾写信给一个惹他生气的人："你需要的只是一张掩埋证。你只需开口，我就给你弄一张。"还有一次，有一位校对人员试图纠正他的拼写和标点符号，他为此写信给一位编辑，还以命令的口吻说道："以后就按我的清样进行排版，就让那位校对人员把他自己的建议留在他那腐烂的脑袋里。"

写这些刺人的信件让马克·吐温心情好了一些。他们惹恼了他，不过那些信件却没产生什么坏的影响，因为马克·吐温的妻子悄悄地从邮件中把它们取了出来，因而压根儿就没邮寄出去。

你见过有人愿意让自己的文章被你修改、规范、提高的吗？那好！简直好极了！我完全赞同那样，可是干吗不从自己的作品开始呢？从纯粹自私的角度看，那比试图改进他人的作品更能获益——没错，而且安全得多。

我年轻时很想给他人留下深刻印象，于是傻乎乎地写信给享誉美国文坛的作家理查德·哈尔丁·戴维斯。我当时准备给一家杂志社写些有关文坛作家的文章，所以我想就戴维斯的写作方法向他请教。几个星期之后，我收到一封来信，信末附注一句："信系口述，未经亲读。"这句话给我留下了极深的印象。我觉得这位作家一定是个事务繁忙的大人物。而我却有不少闲暇时间，还急于给理查德·哈尔丁·戴维斯留下印象。我写完一封简短的回信后，也在后面加上这样一句话："信系口述，未经亲读。"

戴维斯不屑给我回信，只是把我那封信退了回来，信末潦草地写着："你不懂规矩到了无以复加的地步。"没错，我做了错事，或许我应该得到这样的斥责。可是人的本性使我对此深怀痛恨，把他恨到了极点。甚至在10年后，当我得知理查德·哈尔丁·戴维斯去世的消息时，我仍然因他曾给我留下的伤痛而记恨他——只是我羞于承认罢了。

如果你我明天还想激起一种愤恨，使人痛恨你数十年，一直到生命结束时，那就让我们放任那让人心痛的批评吧，哪怕我们有无数恰当的理由。

当我们跟他人打交道时，敬请记住，我们不是在对付理性动物，而是在应付感性动物，即浑身都带偏见且受自尊和自负驱使的动物。

苛刻的批评曾使敏锐的托马斯·哈代永远放弃了小说的写作。他可是迄今为止丰富过英国文学的最优秀小说家。批评还让英国诗人托马斯·查特顿选择以自尽的方式结束了他的一生。

年轻时的本杰明·富兰克林并不圆滑，后来却擅长外交，处世待人巧妙之极，因而受命担任过美国驻法国的大使。他成功的秘诀是什么？他说过："我不会说任何人的不是。……而是说我所认识的每个人的好处！"

任何蠢人都会批评、斥责和抱怨——而且绝大部分蠢人都是这样做的。

但若要宽恕和善解他人，就得在人格和自控方面下足功夫。

卡莱尔曾经说："大人的大量表现在对待卑微者中。"

著名的试飞员兼飞行表演者鲍勃·胡夫即将从圣地亚哥的飞行表演场返回到洛杉矶机场。《飞行活动》杂志是这样描述他的：在近千米的高空中，两台发动机突然停止转动。通过巧妙的操作，他最终成功地回到了地面。尽管没人受伤，但飞机却遭到了严重损坏。

胡夫紧急着陆后的第一个动作就是检查飞机的燃料。正如他怀疑的那样，第二次世界大战期间，他一直给飞行的螺旋桨飞机加的是航空煤油，而不是汽油。

一回到机场，他便要求约见为他的飞机做维修的机械师。那个年轻人为自己的错误深感懊悔。当胡夫走近他时，他泪流满面。他已经造成了一架昂贵飞机的损失，甚至差一点儿让 3 个人失去了生命。

胡夫的愤怒表情是可想而知的。人们猜测这位自豪而精准的试飞员会因对方的粗心大意而大骂。不过，胡夫没有责备机械师，他压根儿就没批评对方。相反，他把他那粗大的手臂放在那位年轻人的肩膀上，说道："为了让我确信你不会再出错，我想让你明天为我的 F-51 维修。"

父母常常批评孩子。你可能希望我说"别那样"。可我不会，我想说的只是："在批评他们之前，请读一读美国经典杂志中登载的《父亲忘了》一文。"该文最初是刊登在《人民家庭杂志》上。经作者同意，我们在此转摘其《读者文摘》中的压缩文。

《父亲忘了》一文的撰写是真实情感的流露，其篇幅虽然不长，但拨动了众多读者的心弦，因而年复一年地被转载。《父亲忘了》的作者 W. 利文斯顿·拉内德说，自从该文第一次刊登以来，它就一直被"数百种杂志、商业内刊、全国各地的报纸竞相转摘。该文还被译成了许多其他国家文字在国外刊登。数以千计的人想拿该文在学校、教会、讲坛上朗读，我都一一予以同意。该文还在无数的节目中播出过。令人惊奇的是，中学及大学杂志也都纷纷收录这篇文章。连一篇短文有时候也可产生神奇的影响。该文就是如此”。

父亲忘了

W. 利文斯顿·拉内德

儿子，听我说：

我趁你睡着时，来跟你说这些话。你的一只小手压在你的小脸下，金色的鬈发黏糊糊地贴在你那湿漉漉的脑门儿上。我是独自一人溜进你的房间的。刚才，我坐在书房里看报，一股令人窒息的悔意将我淹没。我惴惴不安地来到你的床前。

儿子，我在想许多事：我一直朝你发火。就因为在你洗漱准备上学时，用毛巾胡乱地抹了把脸，我责备过你；因为没把鞋子擦干净，我数落过你；你把自己的东西弄得满地都是，我朝你大喊大叫过。

吃早饭时，我也找过你的碴儿：你喝的东西溅洒出来、吃饭时狼吞虎咽、你把双肘放在餐桌上、你在面包上涂抹了过厚的黄油。我出门去乘火车，正好赶上你出门去玩，你回头朝我挥手说道："爸爸，再见！"而我却皱眉头，对你回答道："给我把胸脯挺起来！"

傍晚时分，新的一轮批评又开始了。当我沿路走来，我发现你跪在地上玩弹子游戏。你的袜子磨破了几个洞。我当着你的几个伙伴儿羞辱了你，还推着你往家中走去。袜子有多贵呀！要是自己掏钱买的，你可能就不会这么粗枝大叶的了！想想，儿子，这话竟然出自一位父亲的口中！

你还记得吗？后来我在书房看报，你怯生生地走了进来，两眼带着受伤害的神情。你站在门口犹豫着，我却抬头望了你一眼，一副很不耐烦被人打扰的样子。"你想干什么？"我厉声说道。

你什么也没说，忽然冲了过来，扎进我的怀里，双臂搂住我的脖子，还亲了我一下，你那小小的胳膊越抱越紧，那热情就是上帝在你的心中吹开的花朵，虽遭到冷落，但不会枯萎。你紧接着跑开了，小脚丫子在楼梯上踩出"吧嗒、吧嗒"的声音。

啊，儿子，你刚离开一会儿，我手里的报纸就滑落到了地上，一种令人恶心的恐惧感朝我袭来。我长期养成的习惯对我怎么啦？我那种找碴儿、数落人的习惯，难道是我对待你这样一个小孩儿应有的态度吗？我不是不爱你，那样做，只是因为我对青年人有着过高的期待。我是在拿我本人同龄时的那把尺子在测量你。

其实，在你的身上有着不少优美、真实的可贵之处。你那幼小的心灵就像大山那边的晨曦一样光亮，这一点表现在你奔进来和跟我道晚安的自发冲动中。儿子，今晚的事儿比什么都重要。我在夜深人静时来到你的床头，我跪在那儿，我内疚不已！

这只是一种小小的赔罪。我知道，如果我在你醒着的时候告诉你，你是不会明白的。但从明天起，我要做一个真正的爸爸！我要跟你交朋友，在你痛苦时跟你同担，在你欢笑时跟你同乐。当厌烦的话快要出口时，我就把它咽回去。我要不断重复这一信条："他不过是个小孩儿——一个小小孩儿而已！"

我恐怕把你当作大人了。然而此时，儿子，当你蜷缩在这张小床上，我明白你还是一个小小孩儿。昨天你还在你妈妈的怀里，头枕着她的肩膀。我要求得太多，太多。

我们不要谴责他人，相反要试图理解他人。我们不妨努力去发现他人为什么要做他们已做的事。这比起批评来，不知道要有益、有趣多少倍。这样做，可培育出同情心、宽容心和爱心。“了解所有人就是宽容所有人。”

正如约翰逊博士所说：“末日未来临，上帝不审判人。”

你我又何必呢？

原则 1

切忌批评、责怪或抱怨他人。

与人相处的秘诀

天底下只有一种方法可使任何一个人去做任何一件事。你是否曾静心想过这件事呢？没错，仅此一种方法，那就是使任何一个人愿意去做那一件事。

记住，这个方法绝无仅有。

当然，你可以拿一支左轮手枪顶住一个人的肋部，让他乖乖地把手表摘下来给你。你可以拿解雇作为要挟，让你的员工配合你的工作——那只是在你转身之前。你可以拿鞭笞或威吓让一个孩子去做你想要他做的事。可是这些拙劣的方法会带来极端不利的反应。

我能让你去做任何事情的唯一方法就是把你想要的东西拿给你。

你要些什么呢？

西格蒙德·弗洛伊德曾说过，你我所做的任何事情都起源于两种动机：性的冲动和成为伟人的欲望。

就这一点而言，美国最为深邃的哲学家之一约翰·杜威的用词稍有不同。杜威博士说，人性中最深切的冲动是“成为要人之欲”。记住，“成为要人之欲”这一措辞很重要。你将在本书中多次看到它。

你想要什么呢？你想要的东西虽不多，但有几件却是你真正想要的，梦寐以求都想要得到的。多数人都想得到的那些东西包括：

1. 健康和生命的维持。

2. 食物。

3. 睡眠。

4. 金钱和金钱所能买到的东西。

5. 未来的生活。

6. 性生活的满足。

7. 儿女的健康。

8. 自重感。

所有这些欲望差不多都能得到满足，其中一种除外，即同食物、睡眠一样既深切又难以满足的就是弗洛伊德所说的“成为伟人之欲”，也就是杜威所说的“成为要人之欲”。

林肯曾在一封信的开头写道:“每个人都喜欢受到恭维。”威利·詹姆士曾说过:“人性至深的本质就是渴求他人的赏识。”请留意，他用的字眼不是“希望”，或者“欲望”，或者“渴望”，而是“渴求”。

这是一种令人痛苦且无法克服的人性“饥饿”。能真诚地让这种内心饥饿的个人得到满足的人，就一定能将对方握在自己的股掌之中，“掌控者就连在离开这个世界的那一刻都舍不得松手”。

寻求自重感的欲望是人类和动物之间最为重要的差别之一。现举例以证之：当我还是密苏里州的一个农家孩童时，我父亲饲养了一些杜洛克良种猪和纯种白脸牛。那时整个中西部地区有乡村集市和牲口展览会，我们经常在那些地方展出我家饲养的那些猪和白脸牛，还获得了不下20次头彩。我父亲把那些蓝缎带奖章用针别在一块白布上，每当有亲朋好友来我家串门时，父亲就会拿出这块白布来，让我和他各拎着一端让来客们观赏个够。

那些猪并不在乎自己赢得的蓝缎带奖章，可我的父亲却十二分在乎，因为这一个个奖品给他带来了一种至高无上的感觉。

假如我们的祖先没有这种炽烈而冲动的“自重感”，文明就无从说起。没有这文明，那我们跟其他动物就没有什么分别。

正是这种自重感的欲望，才激起了一位贫困、未受教育的杂货店员翻遍大木桶，找出自己花了50美分买来的法律书籍，还痛下决心潜心研究。你或许听说过这位杂货店员。他就是林肯。

正是这种自重感的欲望，才激发了狄更斯写出了诸多不朽的名著。正是这自重感的欲望，克里斯托夫·雷恩爵士才设计出了他的石头交响曲。正是由于这自重感的欲望，洛克菲勒才赚到了他一辈子也花不完的钱！也正是由于这一欲望，你所在城市中的巨富才建起了他根本用不了的一栋大房子。

这一欲望使你想得到最新颖的服饰、驾驶最时尚的轿车、谈论你那聪明伶俐的孩子。

正是这一欲望，才使许多少男少女加入盗匪，并干起了犯罪的勾当。据前纽约警察署长E.P.穆尔罗尼披露，一般的年轻罪犯的内心都弥漫着自我，他们被捕后的第一个要求就是想看一看那些把他们当作英雄来描绘的血腥报纸。一见自己的照片在各大报端，跟体坛人物、影视明星以及政治家等所占篇幅相当之时，压根儿就不会去想自己即将面临的遥遥无期的刑期。

如果你告诉我你是如何得到你的自重感，我就可以断定你的为人来，因为自重感能确定你的性格。就你而言，这是件很有意义的事。比如说，为了关爱自己从没见过，甚至不可能见到的数百万贫民，约翰.D.洛克菲勒捐款在中国的北京建造了一座现代化医院，以此获得了自己的自重感。反过来说，约翰·狄林杰通过做土匪、抢银行、杀人来满足自重感。当遭到联邦调查人员搜捕时，狄林杰窜进了明尼苏达州的一户农舍，还声称："我就是狄林杰！"他以自己是第一号社会公敌为荣，所以他说道："我不会杀害你，可我就是狄林杰！"

是的，狄林杰和洛克菲勒唯一的差别就在于他们获得各自的自重感的方法。

历史长河中，处处都闪烁着为自重感而拼搏的名人逸事。就连乔治·华盛顿也乐意让人们称他为"美国总统陛下"；克里斯托夫·哥伦布向皇家请求获得"海洋大将及印度总督"的头衔；女皇凯瑟琳拒绝拆阅没有称她为"女皇陛下"的信件；白宫的林肯夫人朝着格兰特夫人发出母老虎般的吼叫："未经我的邀请，你竟敢坐在我的面前！"

国内一些百万富翁在1928年资助过海军少将伯德去南极探险，他们明白那里有许多冰山区域可用他们的名字来命名。维克多·雨果满心期望用他的名字来重新命名巴黎。为了增添自己的荣耀，就连大文豪莎士比亚也试图为他家获取一枚纹章。

为了引得同情和注意，进而获取一种自重感，一些人故意装病。以麦金利夫人为例。她为获得其自重感，竟迫使时任美国总统的丈夫放下国家的重要事务，依偎在她的床边，搂抱着她，抚慰她入睡，每每这样一次就得浪费掉数小时的时间。麦金利夫人在镶牙的时候坚持要丈夫陪在身旁，借此满足她那令人痛心的欲望。有一次麦金利因和国务卿约翰·海（亦称海约翰——译者注）有约而不得不让她单独留在牙医那里，她还因此大闹了一场。

作家玛丽·罗伯茨·莱茵哈特夫人有一次告诉我，有个聪明精干的少妇为了博得其自重感，竟装成一个病人。莱茵哈特夫人说道："总有一天，这位妇人不得不面对一种现实，或许是年龄的缘故。孤独的晚年即将出现在她的面前，而自己却没有多少指望了。"

莱茵哈特夫人继续讲道："她竟然躺在床上长达10年之久，她那年迈的母亲每天得上下3层楼，捧着碟盘去侍候她。有一天，这位年迈的母亲由于过度疲惫，终于撒手人寰，床上的这个病人，在懒散了几个星期后，便自己起床穿衣，又开始了正常生活。"

一些权威人士声称，人们可能发疯，实际上是想在疯狂的幻境中寻找到冷酷的现实世界所不能给予的自重感。难怪美国患精神病的人数要比患其他病的总和还要多。

精神错乱的原因是什么？

如此笼统的问题，没人能够予以回答，不过我们知道有若干的疾病，如梅毒会损伤脑细胞，导致癫狂。实际上，约有一半以上的精神病可归咎于脑损伤、酗酒、毒素、受伤等问题，而另外一半发疯的人——这是最令人惊恐的——从机能上看，与他们的脑细胞没有任何关系。在尸体解剖检验中，用最高性能的显微镜研究他们的脑细胞，结果发现跟你我的脑细胞一样健全。

这些人为什么会出现精神错乱？

就这一问题，我曾讨教过国内最闻名的精神病医院的一位主任医师。这位医生获得过最高的荣誉以及该领域最令人渴望的奖项。他如实告诉我，说他也不知道人们为什么会出现精神错乱。没人确知其中原因。可他的确这样说过，许多精神错乱患者觉得自己在精神错乱中找到了真实世界中所无法获得的自重感。这位医生还接着给我讲了如下这个故事：

“有一名患者，她的婚姻就是一出悲剧。她需要爱情、性的满足、孩子和社会声望，可是现实生活却摧毁了她的所有希望。她丈夫不爱她，甚至拒绝跟她一起用餐，还强迫她伺候自己在楼上房间吃饭。她没有孩子，也没有社会地位。她最终精神错乱了。在她的想象中，她已跟自己的丈夫离了婚，恢复了自己婚前的姓名。她现在还相信自己已嫁入了英国贵族家庭，并且坚持要人家称呼她为史密斯夫人。

“至于孩子，她现在每个晚上都产下一个新生儿。我每次探视她时，她都说：‘医生，我昨夜生了一个宝宝。’”

生活曾经让她的梦想之舟撞在现实的沙滩上。不过，在精神错乱状态下充满阳光的一座座幻想小岛上，她所有的三桅船不停地驶入港口，帆布随风鼓起，唱着歌儿的风穿过桅杆。

“这故事悲惨吗？啊，我不知道。”那位医生对我说，“如果我能伸出我的手，让她恢复理智，我也不愿意那样做。她现在这样比真实的她快乐得多。”

如果有些人对得到自重感如饥似渴，以至于用发疯的方式去求得，请想象一下，你我通过给予人们癫疯状态表现出真实的欣赏又能创造出怎样的奇迹来吗？

在美国商界中，最早获 100 万美元（当时不存在所得税，每周能挣 50 美元者算得上是小康人家）以上的年薪者之一是查尔斯·施瓦布。此人于 1921 年被安德鲁·卡耐基选中担任刚成立的美国钢铁公司的第一任董事长，他当时年仅 38 岁。（施瓦布后来离开美国钢铁公司，接任当时债务重重的伯利恒钢铁公司，并把该公司改造成了美国最赚钱的公司之一。）

安德鲁·卡耐基为什么要付给查尔斯·施瓦布年薪 100 万美元，或者说平均每天 300 多美元呢？为什么呢？仅因为施瓦布是个天才？绝对不是。是因为他比别人更了解钢铁制造？无稽之谈。查尔斯·施瓦布曾告诉过我，说他手下有许多人都比他更了解钢铁制造。

施瓦布说他能拿这样高的薪金，主要是因为他拥有与人打交道的能力。我问他是怎么做的。如下记录的秘诀就是他的原话——这些话应该刻在永不消逝的铜牌上，悬挂在每个家庭、学校、商店、办公室里，应该让孩子们背诵下来，而不是去强记拉丁语中的动词变格，或者巴西的年均降雨量——如果你我愿意去践行的话，这些话差不多一定会改变我们的生活方式：

“我认为我有能力激发手下人的热诚，”施瓦布说道，“这就是我所拥有的最大财富。充分发挥每一个人的最大潜能的方法就是赞赏和鼓励。”

他还说道：“世界上没有比上司的批评更容易摧毁一个人的志向。我从来不批评任何人，我信奉激励一个人去工作。因此我急于称赞，而迟于找碴儿。如果问我喜欢什么的话，那就是衷心的嘉许以及慷慨的表扬。”

施瓦布就是这样做的。可是普通人又是怎样做的呢？恰好相反。如果不喜欢某件事，一般人就会朝着下属吼叫。如果他们喜欢某件事，结果却什么话也不说一句。诚如一句老话所讲：“做错一次，人记一世；做对两次，人当无事。”

施瓦布宣称：“以我一生广泛接触以及跟世界各地名人的

交往来看，我还没见到过批评比赞许更能让人成大事的人，无论此人有多伟大、地位有多崇高。”

诚如他说，安德鲁·卡耐基成功的一个显著理由也就在此。安德鲁·卡耐基不仅在私下，而且在公开场合称赞自己的同人。

卡耐基甚至在自己的墓碑上都称赞他的每位助手。他为自己所撰写的碑文是：“长眠此地者知道如何团结更高明的人。”

诚恳的赞赏是约翰·D. 洛克菲勒一世待人成功的秘诀之一。例如，当他的一位生意伙伴爱德华·T. 贝德福德在南美洲做错了一宗买卖而使公司亏损了 100 万美元时，约翰·D. 洛克菲勒本可以对他大加批评，不过他知道贝德福德已尽了最大努力，打算就此了结这件事，于是找出了些许可以称赞的事：他为贝德福德保全了他 60% 的投资额而向他道喜。洛克菲勒说道：“那已经不错了，并不是我们每个人都能做得那样好。”

在我的剪报中讲的虽不过是一则笑话，但说明了一个道理，因而我愿意在此重复一遍：

据这个无聊的故事所说，在繁重的一天工作结束时，一位农妇将一大堆干草放在自家的几个男人面前。他们愤然问她是不是疯了，她却回答道：“哦，我怎么才知道你们是否会留心呢？我给你们这些男人做了 20 年的饭，可从来就没有听到你们说过自己吃的不是草。”

几年前，有人研究过妻子为什么出逃的问题，你认为其中的主要原因是什么？原来是“缺乏欣赏”。我想对出逃丈夫的研究也会得出相同的结论。我们通常想当然地看待自己的配偶，因此从未想到要让他们知道我们非常欣赏他们的工作。

我们班上一名男学员谈到自己妻子提出的一项要求。这位妻子连同其所属教会的女性参加了一项自我改进计划。她要丈夫帮她列出他认为能使她成为一位更合格妻子的 6 件事。他跟班上同学说道：“这个要求着实让我吃惊不小。说实在的，对我来说，要列出让她改变自己的 6 件事本来是件十分容易的事——我的天啊，她恐怕能列出 1000 件想让我改变自己的事——可我没有。我对她说道：‘让我想一想，明天早上给你答复。’

“第二天早上，我起了个大早，给花店打了个电话，让他们给我的妻子送 6 朵玫瑰，并附上便条，上面写道：‘我想不出我想让你改变自己的 6 件事。我爱的就是你现在这样。’

“那天晚上我回到家里，你认为谁在门口迎候我：说对啦。我的妻子！她差不多满眼噙着泪花。不用说，我非常庆幸自己没有像她要求的那样去批评她。

“在接下来做礼拜的星期天，当她汇报了自己作业的结果后，跟她一起学习的几位女性走到我的面前，对我说道：‘这可是我听到过的最体贴人心的话。’正是从那时起，我才体会到了欣赏的巨大力量。”

佛罗伦斯·齐格菲尔德是一位在百老汇大放异彩、拥有非凡成就的歌舞剧家。他因“盛赞美国女子”的微妙技巧而获得极高的声誉。他一次又一次地把人们不愿意多看一眼、很不起眼的女子变成了舞台上神秘而光彩照人的尤物。齐格菲尔德深知欣赏和信心的价值，他不过是利用了他的骑士风度和关怀备至让女性觉得自己非常美丽。他的方法很实在：他把合唱女演员的薪金从每星期 30 美元增加到 175 美元。他也很重义气，在富利斯歌舞剧开幕之夜给剧中演员发去贺电，还给每位合唱女演员送了一束红玫瑰。

我曾迷恋过流行一时的绝食之风，竟然在 6 天 6 夜没有吃东西。那种情形并不困难，到第六天时，我的饥饿感似乎没有第二天那样强烈。可是你我都知道，如果有人让自己的家人或者雇员 6 天内没有东西可吃，那就是犯罪呀。可是他们却会 6 天、6 星期，有时甚至 60 年不给自己的家人，或者雇员渴望的像食物一样的赞美。

与齐格菲尔德同时代的著名演员，即《重逢维也纳》中的主角阿尔弗雷德·朗特曾经说：“我最需要的滋养品莫过于我的自尊了。”

我们滋养了孩子、朋友和雇员们的身体，可他们自尊所需要的滋养，我们给的却少得可怜。我们给了他们牛排、马铃薯等食物以增进他们的体力，却忽略了给予他们一些赞赏的话语，而这些赞赏的话语会像晨星的音乐一样在他们的心田里唱响多年。

保罗·哈维在他的一次广播中——故事的后部分——讲述了真诚的欣赏能如何改变某个人的一生。据他报道，几年前，底特律的一位女教师让斯特维·莫里斯帮她寻找教室里消失的一只老鼠。你瞧，她把班上其他同学没得到的欣赏给予了斯特维。上苍使斯特维有一双非同寻常的耳朵以弥补其失明的双目。不过这的确让斯特维那双有天赋的耳朵第一次受到了赏识。他在多年后说道，这一受人赏识之举成了他新生活的开始。你瞧，从那时起，他便开发自己的听力，继而成了伟大的流行歌手和曲作家，他的艺名就叫“斯特维奇迹”。

有些读者一读完这几行字就在抱怨：“噢，呸！谄媚！阿谀！我都尝试过那玩意儿。根本就不管用——这对明白人来说是没有用的。”

对明白人来说，谄媚当然是没有用的。谄媚是浅薄、自私、不真诚的。它不应该发挥作用，况且很少能发挥作用。千真万确，有些人急于得到赞赏，他们会像饥饿的人吞噬草根和蚯蚓一样，去吞食任何话语。

即使维多利亚女王也倾向于接受奉承。本杰明·迪斯累里首相承认自己在跟女王打交道时曾大肆使用过这一招。用他自己的话来说，他说自己“竭力恭维过”。不过，迪斯累里可是英国统治者中最有修养、八面玲珑的人之一。他算得上自己行当中的天才。对他奏效的方法未必对你我一样奏效。从长远的角度看，谄媚对人是有害无益的。拍马溜须很虚假，就像伪币一样，你如果把它灌输给他人，那终将使你陷入麻烦。

欣赏和溜须之间有什么区别呢？这个问题较为简单。前者真诚，后者虚伪；前者发自内心，后者随口而出；前者无私，后者自私；前者普天同赞，后者人人共谴。

我前不久去过墨西哥城，目睹了墨西哥英雄阿尔瓦罗·奥夫雷贡将军的半身像。在半身像的下面刻着这位将军的名言：“不怕敌人攻击你，就怕朋友谄媚你。”

不！不！不！我指的可不是谄媚！远不是那样。我是在讲一种新的生活方法。请允许我重复一遍：我是在讲一种新的生活方法。

英国国王乔治五世在其白金汉宫书房的墙上挂着一套共计 6 条的格言。其中一条如是说：“别教我奉承或采纳廉价的赞美。”廉价的赞美就是对谄媚的解释。我曾经看到对谄媚所下的一则定义，兴许值得一提：“谄媚，即准确告诉别人自己之所欲。”

拉尔夫·沃尔多·爱默生说过：“无论用什么语言，你的话只能说明你的为人。”

如果我们能做的就只有谄媚了，那任何人都能学得会，也都能成为人际关系学专家。

我们若不是在思考某一特定问题，通常会有95%的时间在想自己的心思。假如我们暂撇开自己的心思，转而去琢磨一下他人的优点，那么我们就不会去说那种未出口就被识破的廉价的虚伪之言了。

在日常生活中，我们最容易忽略的一个美德就是欣赏。不知怎么回事，当孩子们把优秀的成绩单带回家时，我们却忽略了对他们的赞扬；当他们第一次烤出一块蛋糕或者做成一个鸟笼，我们却忘了鼓励他们。

让孩子们高兴的莫过于父母的兴趣和称赞。

当你下次在俱乐部品尝小牛排时，别忘了捎话给那位主厨，告诉他那道菜做得好极了。当疲惫的销售员向你表示非同寻常的礼仪时，也请说一声谢谢。

每位牧师、授课人以及演讲家竭力演说一番，却得不到听众一丝欣慰的褒扬，那种泄气的滋味是可想而知的。适用于专业人士的话语，对办公室人员、商场职员、工厂里的工人、自己的家庭成员以及朋友来说，可是双倍的适用。我们在人际关系中切不可忘记：我们的同事是人，他们渴望得到欣赏。这可是所有人都乐于接受的“法定货币”。

试着在你每天的旅途中留下友好的感恩火花，你会非常惊讶地发现，这些火花会点燃友谊的火焰，成为照亮你下次造访之路的灯塔。

康涅狄格州新费尔菲尔德的帕米拉·顿汉姆肩负着几项工作，其中之一就是监管一位工作非常糟糕的看门人。其他雇员都讥笑这位看门人，故意在过道上乱扔纸屑，让人觉得他的工作干得非常差劲儿。他的工作确实差劲儿，竟让车间的有效工作时间一分一秒地耗去。

帕米拉尝试了不同的方法，想让看门人把工作干得更好一些，结果失败了。她偶尔也见他把一件事情做得很好，她有意在众人面前表扬他。他每天把周围的工作做得更好，没过多久，他的工作效率也提高了。现在他工作干得非常出色，并得到他人的褒扬和认同。但凡因受到批评和嘲笑失效的地方，诚恳的褒奖必将使其结出硕果。

伤害他人不仅不能改变他们，而且大可不必。我每天照镜子时，禁不住要看一看自己剪下并张贴上去的一则古谚语：

> 我只经过这儿一次，因此凡能为任何人做的任何好事或表示的好意，我趁现在就做。我不能推迟，

也不能忽略，因为我不会再从这儿经过。

爱默生说过："凡我遇到之人都有比我高明之处，我跟他学的就是那些。"

连爱默生都是如此，难道你我不是更该如此吗？我们别老想着自己那些成就和需要，去琢磨琢磨别人的优点，然后把谄媚忘掉。给予他人由衷而诚恳的赞赏。如果你给予"衷心的嘉许，慷慨的表扬"，哪怕你早就忘了自己说过的话，人们还依然铭记在心，终身珍惜、传诵。

原则 2

给予他人由衷而诚恳的赞赏。

"成此事得天下，败此事则独行。"

我过去常在夏天去缅因州钓鱼。就个人而言，我喜欢吃草莓和奶油，可是不知为什么，我却发现鱼爱吃小虫。所以当我去钓鱼的时候，我不想自己所要的东西，而是想它们所需要的东西。我不拿草莓或奶油做诱饵，而是在鱼儿的面前钩上一条小虫或是一只蚱蜢，并说道："你难道不喜欢那东西？"

为什么不用相同的常识去钓人？

第一次世界大战期间大不列颠首相劳合·乔治就是这样做的。当其他战时领导人威尔逊、奥兰多、克列蒙梭等已被人们所遗忘时，他为何还身居要职？他的回答是，他官居高位如果可以归功于一件事的话，那就是因为他知道钓鱼时必需下对诱饵。

为什么我们只谈自己所要的东西呢？那太孩子气，也荒谬之极。当然，你关注自己的需要，你永远都在关注。但他人却对此不予关注。所有其他人都像你一样：人人都只关心自己的需要。

所以，世上唯一能影响他人的方法就是谈论他们所需要的，且告诉他们如何才能得到他们所需要的。

当你明天想要别人替你做些什么，请记住那句话！打这样一个比喻吧，如果你不想自己的孩子们吸烟，请不要跟他们唠叨，也不要谈你想得到的东西，只向他们表明香烟可能使他们进不了棒球队，或是赢不了 100 码冲刺。

不论你打交道的是孩子，是小牛，还是黑猩猩，这都是需要记住的一件事。例如，有一次，拉尔夫·沃尔多·爱默生和他的儿子试图把一头小牛赶进牛棚里，父子俩犯了常人难免的错误，那就是只顾自己之所想：爱默生推着小牛，他的儿子则牵引着。不过那头小牛也跟他们一样只想自己想要的，于是挺直了四条腿，坚持不肯离开那块草地。父子俩这一尴尬的情形被家中的爱尔兰女佣看在眼里。她虽然不会写书作文章，可是至少在这次比这父子俩更了解小牛的脾气，她想到了这头小牛需要的是什么。这个女佣把她的手指放进小牛的嘴里，一边让它吮吸，一边温和地将它带入牛棚。

从你来到人世的第一天开始，你的每一个举动无一不是为你自己的需要而做出的。假如你捐助红十字会一大笔钱时又是怎样想的呢？没错，那也毫不例外，你给红十字会捐款，是因为你打算伸出援手，你想要做一件美丽、无私的神圣之事。“因为你帮助了一位不幸之人，兄弟，你就是帮助了我。”

如果你不是心怀仁慈救济他人的话，你是绝不会捐助的，抑或是因为一位主顾之请而不好意思拒绝。但有一件事是确定的，即你捐款是因为你想要得到点什么。

哈利·A. 欧弗斯屈特教授在其《影响人类行为》一书中说道：“行动产生于我们的基本欲望……无论想要说服的人是在商界、在家庭、在学校，还是在政坛，能给出最佳建议的是：激起对方某种迫切的需求。成此事得天下，败此事则独行。”

安德鲁·卡耐基出生在一个贫苦的苏格兰家庭，起初的工作酬劳是每小时 2 美分，可是最后却捐出了 3.65 亿美元。他早年就学到了影响他人的唯一方法，那就是按照对方的需要讲话。他只接受过 4 年的学校教育，却学会了如何跟人打交道。

比如，他的嫂子为自己的两个儿子急出了病。这两个孩子在耶鲁大学念书，兄弟俩都忙于自己的事情，竟然忘了回信，也没在意母亲在家中挂念着他们。

得知此事后，卡耐基跟人打了100美元的赌，说他并不要求他们回信也能让他们来信。有人应战了。于是他给两个侄儿写了封闲谈的信，在信后随意附上一句，说他给他俩一人寄了5块钱。

然而他故意不把钱装入信封里。

他很快就收到了两个侄儿谢谢“亲爱的叔父”好心来信的回复——后面的话你也知道该怎么写了。

另外一个说服人的例证来自本课程的学员，即俄亥俄州克利夫兰的斯坦·诺瓦克。一天晚上，斯坦回家发现他的小儿子提姆在客厅地板上乱踢乱叫。他第二天就要上幼儿园，他抗议说自己就是不去。斯坦的正常反应本该是把儿子赶进他的房间，叫他最好决定去上幼儿园——他别无选择。可这天晚上，斯坦意识到这无助于提姆带着最佳的心情去上幼儿园，于是坐下来思考：“如果我是提姆，我为什么会因上幼儿园而烦恼万分呢？”他和妻子列出了所有提姆在幼儿园会做的有趣事，如绘画、唱歌、结交朋友。接着夫妇俩付诸行动。“我们一家人——我妻子利尔、大儿子鲍勃和我——在餐桌上做起绘画来，玩得很尽兴。不一会儿，提姆也站在一角偷看。接着也加入进来。‘不行，你得先去幼儿园学会怎么绘画。’我拿出所有的激情，用他能明白的语言把整个单子上的内容给他讲了一遍，告诉他所有在幼儿园可以得到的乐趣。第二天早上，我以为自己是第一个起床的人。我走到楼下，发现提姆在客厅的椅子上坐着睡得正香。‘你在这儿干什么？’我问道。‘我等着去上幼儿园。我可不想迟到。’全家人的热情激发了提姆的一种强烈欲望，这是大量的讨论或者威胁根本无法做到的。”

你也许明天就想要劝说某人去做某件事。在你开口前，不妨先问问自己：“我怎样才能使这人想要做这件事呢？”

这个问题会阻止我们匆忙涉入某种境地，结果却徒劳地谈论我们的欲望。

我曾租用过纽约一家饭店里的大舞厅来举办一系列讲座，每一季需要 20 个晚上。

在某一季开始时，我突然接到那家饭店的通知，要我付大约 3 倍于过去的租金。可是我接到这一消息时，通告已经张贴出去，入场券也已经印发。

我自然不愿意付增加的那部分租金，可是和饭店商谈我的需求有什么用呢？他们只对自己的需求感兴趣。所以，过了几天，我去见了那家饭店的经理。

我说道:“我接到你的来信时，感到有点惶恐，当然我一点儿也不怪你们。如果我是你的话，我也会写这样一封信。作为饭店的经理，你的职责是如何使这家饭店尽可能盈利。若不这样做，你就会被解雇，而且也应该被解雇。如果你还要坚持加收租金的话，那我们不妨拿出一张纸来，写下与你息息相关的种种利害关系。”

我拿了一张信笺，从纸的中心位置画出一条线来，一端写着“利”，另一端写着“弊”。

我在“利”字下端写着“舞厅空着”几个字，接着又说:“你可以把空着的舞厅出租去作为跳舞和开会场所。这是一大优势，这类活动显然要比租用于一系列讲座能得到更多的收入。如果我在这一季度中，占用了你的舞厅 20 个晚上，这无疑意味着你一定会失去一些盈利。

“不过，现在我们来谈谈其劣势方面。由于我无法接受你的要求，这就减少了你的收入。在我来讲，由于我付不起你所要求的租金，你就会失去收入，而我不得已只好到别的地方去举办讲座。

“可是对你来说，还有另外一个劣势。这些演讲会把成群的知识分子和上层人士吸引到你这家饭店来。对你来说，这是不是做了一个极好的广告呢?事实上，如果你付出 5000 美元在报纸上做广告，你也不可能像我这样的讲座带那么多人来看你这家饭店。这对你的饭店来说不是很有价值的吗?"

我一边说着,一边把这两种"劣势"写在"弊"字栏中,然后把那张纸交给了经理,又说:"我希望你仔细权衡一下这将给你带来的利弊关系。等你做出最终决定后,请通知我一下。"

第二天,我接到那家饭店的一封来信,告诉我租金增加50%,而不是200%。

请各位注意,我只字未提我自己的需求就减少了租金。我一直强调对方之所求以及获得的方法。

如果我按常人的方法去做,假如我闯进这家饭店经理的办公室,跟他说:"我入场券已经印好,通知已经下发,你却突然要我付3倍的租金,那是什么意思? 3倍!简直太可笑了!不近情理!我坚决不付!"

接下来的情形将会怎么样呢?一场争辩就会爆发,甚至沸腾起来!至于争辩的结果,你是知道的。即使我能让这家饭店的经理相信自己是错的,他的自尊也会使他难以退步并放弃自己的要求。

关于人际关系这门艺术,这里有一条很好的建议。亨利·福特曾说:"如果有一条成功秘诀的话,那就是能够站在对方的立场上,既从对方也从自己的观点去看待事物。"

这番话说得很好。我想把福特的话重述一遍:"如果有一条成功秘诀的话，那就是能够站在对方立场上，既从对方也从自己的观点去看待事物。”

这话如此简单，也这般明显，任何人一眼就能看出其中的道理。可是世界上 90% 的人，在 90% 的时候都不把它当回事。

还需要举出例子来说明吗？看看明天早上你书桌上的那些来信吧！你会发现其中许多都背离这种常识性规则。就拿下面这封信来说，来信者是一家广告公司电台部主管，这家公司在北美大陆各地都设有分公司。这封信是写给全国各地方电台经理的。（我在括号中写出了自己对每段文字的反应。）

约翰·布兰克先生

布兰克维尔

印第安纳州

亲爱的布兰克先生：

________公司希望能在无线电界保持广告业务的领袖地位。

（谁关心你公司的希望？我正为我自己的各种问题烦恼着呢。银行即将取消我房产的抵押取赎权，害虫正在损害我的蜀葵花，昨天的股票交易市场又崩盘了，今天早晨我误了8点15分的那班火车，昨晚琼斯家的舞会没有邀请我，医生说我有高血压、神经炎和头皮屑过多。接着又发生什么啦？我今天早上十分焦虑地来到办公室，拆开信件，结果看到远在纽约的某个傲慢小人物奢谈他的公司需要什么东西。呸！如果他能意识到他那封信给我留下了什么印象，他就会滚出广告业，去生产自己的浴羊药液。）

本公司的国内广告客户曾是该网络的保障，我公司随后的电台播报时间总量一直稳居同行业之首。

（你财大气粗、位居同行业之首，是吧？那又怎么样？就算你像通用汽车公司、电气公司以及美国陆军总部合起来那么大，我都不会在乎你。你自己如果还有半点自知之明，那你就会知道我只关心我有多大，而不是你有多大了。所有这些有关你成功的谈论都使我感觉渺小和不重要。）

本公司希望以最新的电台信息服务自己的客户。

（你希望！你希望！你这头十足的蠢驴。我不在乎你的希望，也不在乎美国总统的希望。我不妨最后一次告诉你，我只在乎我自己的希望——就这一点而言，你在那封荒唐的信中却只字未提。）

> 所以，你且将________公司列入获取每周电台消息的首选名单——包括有用于公司的每一个细目的登记。

（“首选名单”，你也不害臊，你拿你那公司说大话使我觉得自己那么卑微，你接着要我将你列入“首选名单”，你求人时连个“请”字也不肯说。）

> 即复此信以便我公司了解你的最近“活动”，此举将有益于彼此。

（你这个笨蛋！你寄给我一封通函——这种信件多如秋天的落叶——还要我在为房产抵押、蜀葵遭虫害以及血压升高等着急之时坐下来写信，回复你那封通函——还要我给你“即复”。你说“即复”是什么意思？难道你不知道我也跟你一样忙吗？或者说我认为自己跟你一样忙。就算提到了这个话题，谁给你这样一种至高无上的权力来差使我？……你说到了“有益于彼此”。你最后这话开始明白我的观点了。不过你对我的有益之处说得含糊其词。）

此致

电台部主管

约翰·布罗伊再启

又及：随信附上的布兰克维尔日报复印本会让你感兴趣，你或许愿意在当地的电台广播。

（这下你终于在附言中提到了有助于我解决一个问题了。你干吗不在写信时就提及呢？可那又有什么用？凡像你来信中说那种胡话的广告人，延髓都有问题。你不需了解我们的最新活动。你需要在自己的甲状腺里注入一夸脱碘。）

这样一来，如果有人终生致力于广告事业，而且自以为精通影响他人购买力之术——如果他们像那样写信，那我们对屠夫、面包师或者汽车修理工还能期待什么呢？

这里还有一封信，是极有规模的货运站的一位总监写给我培训班里的学员爱德华·微米伦的。这封信会对收信人产生什么效果呢？请先过过目，然后我再告诉你。

A. 策雷格公司

前街28号，

纽约州布鲁克林，11201

致：爱德华·微米伦先生

各位先生：

敝处外运收货工作因大部分交运货物的客户傍晚时分才送达货物，使敝处感到极大困扰。因而引起货运停滞，使我处人手延时工作，影响卡车运送效率，进而导致交货缓慢。11月10日收到贵公司交运的货物510件，送达时间为午后4点20分。

为了减少货物迟交所引发的不良影响，寄望贵公司充分合作。以后如交运大批货物，是否可以尽量提早时间送来我处，或在上午送来一部分？

该项安排有益于贵公司业务，使你们载货卡车可以迅速返回，同时确保收到你们货物后立即发出。

总监J.B.谨启

看过这封信后，A.策雷格公司的销售经理爱德华·微米伦先生随信给我带来了如下注释：

这封信所产生的效果与原意正相反。信一开始就罗列货运站的困难，一般说来，这不是我方所关注的焦点。接着要求我方予以合作，可是丝毫没有想到对我方之不便。后来，该信在最后一段提到我方的合作可让卡车迅速返回，并确保我方货物可以在收到之日立即发出。

换句话说，我方最为关注的事在最后才被提到，使整个表达效果有敌对之意，而无合作之味。

现在我们来看看这封信能否因重写而得到改善。我们不需要浪费时间去谈自己的种种困难，就像亨利·福特曾经告诫世人的那样，让我们“站在对方的立场上，既从对方也从自己的观点去看待事物”。

如下有一种修改方法，虽不是最好的，但是不是更可取呢？

爱德华·微米伦先生

A. 策雷格公司

前街 28 号，

纽约州布鲁克林，11201

尊敬的微米伦先生：

贵公司 14 年来一直是我们的优秀客户之一，对你们的惠顾我们心存感激，并极愿意为你们提供迅速而有效的服务。然而，贵公司卡车傍晚送抵大批货物，如 11 月 10 日，致使我们无法提供上述服务，我们对此十分抱歉！原因在哪儿呢？因为其他诸多客户也在傍晚时分交货，自然就会造成停滞现象。这就意味着贵公司卡车难免受阻于码头，货运也因此延迟下来。

这种情形不好，可是怎样才能避免呢？如能在上午把货物交送至码头，此举可使贵公司卡车迅速返回，你们交运的货物会立即得到处理，而敝处员工每晚也可以提早回家，品尝贵公司出品的鲜美面食。

无论贵公司的货物何时到达，我们都愿竭力提供迅捷服务。鉴于你们繁忙的业务，此信不必回复。

总监 J.B. 谨启

就职于纽约某银行的芭芭拉·L. 安德森，为了儿子的身体缘故，打算迁往亚利桑那州的凤凰城。她采用在我们班上学到的原则，给凤凰城的 12 家银行写了如下一封信：

尊敬的先生：

本人在银行工作已有 10 年，快速发展的贵行兴许对此有兴趣。

本人曾在纽约从事过银行信托公司各部门工作，

熟悉包括存户关系、信用、借贷及行政在内的银行各个方面的运营业务，现升迁为支行主管。

本人将于5月迁居凤凰城，深信能为贵行的发展和盈利尽绵薄之力。本人将于4月3日前后抵达凤凰市，祈望能给予本人协助贵行实现目标的机会。

芭芭拉·L. 安德森谨启

你认为安德森夫人会收到任何回复吗？12家银行中有11家来信请她去面试，因而对她来说就有了极大的选择余地。为什么呢？因为安德森夫人在信中并未说明自己的需求，而是说明自己能如何帮助他们，这强调了他们的需求，而不是自己的需求。

今天，成千上万的推销员不仅沮丧地奔波于途中还得不到足够的酬劳！那是为什么呢？那是因为他们总是在想着自己的需求。他们忘了你我想买什么。如果我们确实想买东西，会自己出门去买的。我们双方总是在意如何解决自己的问题。假如推销员能向我们表明他的服务和货物确实有助于我们解决自己的问题，他们不必向我们推销。我们一定会买的。任何顾客都喜欢认为是自己在买东西，而不是被推销东西。

可是有很多推销员一生都在销售，却丝毫没有考虑到顾客的立场。比如说，多年来我住在大纽约中心的私家小区——

森林山庄。有一天，我正匆匆赶往车站，这时巧遇一位房地产代理人。他多年以来都在这一带买卖房地产，对我居住的森林山庄小区很是熟悉，所以我匆匆地问过他一句，我那灰泥房子用的是金属门闩还有空心砖。他回答说他不知道，结果讲了些我所知道的东西，说我可以打电话向森林山庄园林协会咨询。第二天早晨，我收到了他的一封来信。他告诉了我想得到的信息了吗？他只需花60秒钟打个电话就行了。但他没有那样做，还是叫我打电话去咨询，最后竟然要我让他办理我的保险业务。

他并没有关注我所需要的帮助，他只关注如何帮助他自己。

亚拉巴马州伯明翰市的J.豪沃德·卢卡斯讲述了同一公司的两位销售人员是如何应付同一情况的。

“几年前，我在一家小型公司的管理部门工作。当时在我们公司附近有一家大型保险公司的地区分公司。公司按照区域将工作指派给代理人。而我们公司则派了两名代理人，这里姑且称他们卡尔和约翰。

“一天早晨，卡尔顺道来到我们办公室，无意间提到他们公司最近推出了一款针对高层管理者的人身保险项目，他认为我们说不准什么时候会感兴趣，等他了解到更多信息后会再来跟我们商讨。

“同一天，当我们喝过咖啡返回时，约翰在人行道上碰上了我们，于是高喊道：‘喂，卢卡，请等一等。我给各位带来了好消息。’他匆匆走上前来，十分激动地告诉我们，说他们公司当天推出了那款针对高层管理者的人身保险项目（也就是卡尔无意间提到的那个）。他想让我们成为首批客户。他还就保险范围给我们提供了一些重要信息，最后说道：‘这项保险刚刚推出。我会请总公司明天派人过来做详细解释。我们不妨现在把申请书签了，以便来者在途中处理更多的信息。’我们虽然还不怎么清楚这类保险的详细情况，但是他的热情却引起了我们对这个险种的极大期盼。我们获知了其中细节，结果证明了约翰对该险种有着详细了解。最后，他不仅给我们每人签下了一份保险单，随后还让保额翻了一番。

“这些业绩本该属于卡尔的，可他却没有尽力激发我们对这些险种的任何欲望。”

这个世界满是唯利是图之人。因此那些无私服务于他人的少数人就占有优势，而且也没有多少竞争。著名律师及美国伟大的商界领导人之一欧文·D. 杨曾说：“能与明白自己想法的人进行换位思考，这类人根本无须为自己的未来发愁。”

如果你阅读本书时能得到一样东西——即慢慢养成总是为他人思考并从他人的角度看待事物的习惯——如果你从该本书中能得到这一点东西，那将成为你职业生涯的基础。

从他人的角度看待事物、激发他人对某种东西的渴望，不应该理解为操控他人，使他人去做仅仅有利于你而无利于他自己的事情。双方在合作中均应获益。在写给微米伦的几封信中，双方通过听从建议都从中获得了益处。银行和安德森夫人之间通过她所写的信，前者得到了有用的人才，后者获得了适当的工作。在约翰给卢卡斯先生的保险销售例证中，双方通过交易获得了益处。

激发渴望这一原则让人人得益，罗得岛州沃里克的迈克尔·E. 威顿还有一个例证。他是壳牌石油公司的片区推销员。迈克尔想成为该片区的头号推销员，可其中一个地方的加油站让他十分为难。该加油站的经理是一位老者。由于经营状况很差，汽油的销售量急剧降低。

这位经理对迈克尔的改进要求置若罔闻。经过多次劝导和倾心交谈无效之后，迈克尔决定邀请这名经理去参观他所在地区最新的壳牌加油站。

新加油站的设备给这名经理留下的印象极深，等迈克尔第二次去拜访他时，该加油站已经焕然一新，销售量也增加了。这也达成了迈克尔成为该地区头号推销员的愿望。他所有的交谈和讨论没能起到作用，但通过唤起这名经理的渴望以及向他展示现代化加油站，结果却达到了目的，最终让双方都获得了益处。

很多人上大学钻研维吉尔的著作、掌握微积分的奥秘，可是他们不曾去探索过心理学。比如说，我曾讲授过《有效演讲术》课程，听众是打算到卡里尔公司——一家大型空调制造厂——谋职的青年大学生。其中一位想说服其他人在业余时间去打篮球。他是这样说的："我想要你们出去打篮球。我喜欢篮球。前几次去过体育馆，可是人数不足以凑成一个队。有天晚上我们两三个人做了掷球游戏，结果还把我的眼睛给打肿了。尽管如此，我还是希望你们明晚能来，我想打篮球。"

他可曾说过你需要些什么？你不想去体育馆，也没人愿意去那儿，是不是？你才不管他要什么。你可不想把眼睛给打肿了。

他有没有告诉过你去体育馆可能会得到的东西？当然有。激发斗志、增进食欲、清晰头脑、消遣、游戏、篮球。

再重复一下哈利·欧弗斯屈特教授的高见：激发对方某种迫切的需求。成此事得天下，败此事则独行。

我培训班上有一位学员十分担心自己的小儿子。这孩子体重很轻，吃东西也不乖。父母采用通常的办法：他们责骂加唠叨："妈妈想要你吃这个吃那个。""爸爸要你快快长成一个男子汉。"

这孩子在乎这些请求吗？他才没当一回事儿呢！

凡有一点常识的父亲，都不会指望一个 3 岁的孩子能对

30 岁父亲的见解有所反应。可是那正是这位父亲期望的。简直荒唐之极。他最后意识到了这一点。于是他自言自语："那孩子需要什么呢？我如何才能把我所希望的和他所希望的联系起来呢？"

他从孩子的需求方面入手，问题就容易解决了。孩子有一辆三轮脚踏车，还喜欢在布鲁克林市的屋前人行道上骑来骑去。离他们家几道门远的地方住着一个"霸王"大男孩，他常把这小孩从三轮车上拉下来，自己骑上去。

小孩自然就哭叫着跑到他的妈妈那儿，这位母亲也会出来把那大男孩从三轮车上拉下来，再让自己的孩子坐上去。类似事情几乎每天都发生。

这个小孩需要的是什么呢？这问题不需要请夏洛克·福尔摩斯来做答。他的自尊、他的愤怒以及他想得到尊重的欲望——所有这些他本质中最强烈的情绪——驱使他想报复、想朝这个"霸王"大男孩的鼻子痛击一拳！如果这时他的爸爸告诉他，只要他肯吃妈妈要他吃的东西，他有朝一日就会打得这个"霸王"大男孩满地找牙。当他爸爸向他承诺一定会那样之后，那么以后吃饭的事儿就不成什么问题了。这个孩子什么都爱吃了，菠菜、白菜、咸鱼和任何其他食物，只要这有助于他快快长大、痛揍经常欺负他的那个"霸王"大男孩。

解决完那个问题后，父母亲开始对付另外一个问题：这个小男孩有个尿床的坏习惯。

小男孩一直跟着奶奶睡。奶奶总会在早上醒来时摸摸床单，然后对小男孩说："你瞧瞧，约翰尼，你昨夜又尿床了。"

约翰尼总是回答道："不是，不是我干的。那是你尿湿的。"

骂他、打他屁股、羞他、一再告诉他，说父母不想他那样做……这些手段仍然没能使床保持干燥。于是爸爸妈妈自问道："怎么才能让约翰尼不再尿床呢？"

约翰尼都有哪些需求呢？第一，他要穿父亲那样的睡衣，而不是穿奶奶那样的睡袍。奶奶厌烦他夜里干的那些坏事，所以如果约翰尼愿意改掉他那种坏习惯，她乐意替他买套睡衣。第二，他要一张属于自己的床。奶奶对这件事也不反对。

妈妈带约翰尼去了布鲁克林一家百货公司，朝着女售货员眨眼说道："这位小绅士要买些东西。"

女售货员郑重其事地问："年轻人，你想要买些什么呢？"

约翰尼踮起了脚，说道："我想给自己买张床。"

当他看到妈妈想让他买下的那张床时，约翰尼的妈妈朝着女售货员又使了个眼色，女售货员就尽力说服约翰尼买了下来。

那张床在第二天就送来了。当晚，父亲回家时，小男孩儿直奔门口，高声叫道："爸爸！爸爸！快上楼去看我买的床！"

父亲看到那张床，并遵循了查尔斯·施瓦布所言，于是就来了一番“衷心的嘉许以及慷慨的表扬”。

他对儿子说道：“约翰尼，你不会再弄湿这张床了，是不是？”“噢，不，不！我才不会再弄湿这张床呢。”约翰尼承诺道，因为这关乎他的自尊心。那可是他自己的床。他自己买的床。约翰尼现在穿起睡衣，就像个小大人一样，他想要做个男子汉。结果他做到了。

另外有位名叫 K.T. 杜兹曼的父亲，是一位电话工程师，也是我培训班的学员。他怎么想办法都没法让他 3 岁的女儿吃早饭。常用的责骂、请求、哄骗手段均告失败。于是父母亲思忖道：“我们怎样才能让她吃早饭呢？”

这个小女孩喜欢模仿她的妈妈，想让人觉得她已经长大成人。所以有一天早晨，他们把她放在一张椅子上，让她自己做早餐。父亲在恰当之时慢步走进厨房，而小女孩在不停地搅动麦片。她说道：“噢，爸爸，你瞧，我在做早饭呢！”

那天早晨，小女孩没经任何人哄骗，竟然吃了两份麦片粥，就因为她对这件事很感兴趣。她满足了自己的自重感，在做早餐中找到了自我表现的途径。

威廉·温德尔曾说过：“自我表现是人性中最重要的需求。”既然如此，我们为什么不在商务往来中采用同样的心理学方法呢？当我们发现了一个绝妙的主意——却不要认为是我们想出的主意——让他人自己去“烹煮”“搅动”这一主意！他们会认为那就是他们想到的主意，于是就喜欢它，也许还会吃上几份。

请记住：“激起对方某种迫切的需求。成此事得天下，败此事则独行。”

原则 3

激起对方某种迫切的需求。

小结

总而言之，

为人处世的基本技巧为：

原则 1

切忌批评、责怪或抱怨。

原则 2

给予他人由衷而诚恳的赞赏。

原则 3

激起对方某种迫切的需求。

第二章　让人喜欢的 6 种方法

处处受人欢迎的秘诀

为什么要看这本书来获得朋友呢？为什么不向世界上最善交友的人学习这个技巧呢？他是谁？你明天走到街上都可能看到他。当你走到离他 10 英尺左右时，他就会开始摇动尾巴。如果你停下来轻轻拍他，他会高兴得跳起来，并向你表示他是多么喜欢你。你知道在他如此亲热时，其后面并没有掩藏任何不可告人的动机：他不打算卖给你地皮，也没打算跟你结婚。

你是否曾想过狗是唯一不需要为自己的生计而工作的动物？母鸡得生蛋，奶牛得产奶，金丝雀得唱歌，而狗只靠“爱”就可维持生计。

在我 5 岁时，我父亲花了 50 美分给我买了一只黄毛小狗。它是我童年的光明和欢乐。每天下午 4 点半左右，它总是坐在前门院子里，一对美丽的眼睛一直望着那条小路。一听到我的声音，或看到我晃荡着饭盒穿过草木丛时，它就会像一支离弦之箭，气喘吁吁地窜到小山上来迎接我，还欣喜不住地跳呀、叫呀。

迪比伴我度过了 5 年的时光。后来，在一个叫我永远也无法忘怀的悲惨晚上，在离我头部仅 10 英尺（1 英尺等于 0.3048 米）远的地方遭雷击而死。迪比的死是我童年的一幕悲剧！

迪比，你从来没有读过心理学，你也不需要去读。你凭着神赐的本能，懂得一个人如果真诚地关注他人，在两个月里所交的朋友，要比让他人关注你，在两年里所交的朋友还多。请让我重复一遍。你如果关注他人，在两个月里所交的朋友要比只想让他人关注你，在两年里所交的朋友还多。

然而你知我知，有些人摆出一副只想得到他人关注的样子，结果却贻误终身。

当然，这样做是不行的。人们不会关注你，也不会关注我，他们每天早晨、中午、晚上所关注的只是他们自己。

纽约电话公司曾经做过一项调查，研究在电话交谈中最常用到的字眼是什么。这个答案你也许早就猜着了，那就是人称代词中的“我”。这个字在500次的电话交谈中就用了3900次。“我”“我”“我”，还是“我”。当你看到一张有你在内的集体照时，你先要找的是谁？

如果我们努力给人留下印象，好让他人关注我们，那我们将永远交不到真诚、真实的朋友。真诚、真实的朋友不是那样交上的。

拿破仑曾经尝试过，在和约瑟芬最后一次相聚时，他说道：“约瑟芬，我一直是世界上最幸运的人，然而在这时候，你是这世界上我唯一信得过的人。”历史学家们怀疑拿破仑是否真正信得过约瑟芬。

维也纳著名心理学家阿尔弗雷德·阿德勒写过一本书，书名叫《人生对你的意义》。他在那本书里说道：“不关注他人的人，其人生必遭莫大的困难，同时还会给他人带来莫大的伤害。人类所有的失败均源于这类人。”

你可能阅读过众多深奥的心理学书籍，而尚未意识到对你我有比这更重要的话。阿德勒的话意味深长，所以我打算再重复一遍：**“不关注他人的人，其人生必遭莫大的困难，同时还会给他人带来莫大的伤害。人类所有的失败均源于这类人。”**

我曾在纽约大学选修过短篇小说写作这门课程。在此期间，有一位著名杂志的编辑给我们班做过一场演讲。他说过，每天放在他办公桌上的小说多达数十篇，他随便抓起其中一篇，只要看上几段就能觉察出其作者是否喜欢他人。他说："如果作者不喜欢他人，那么他人也不会喜欢他的作品。"

在讲解小说写作过程中，这位饱经世故的编辑曾两次停顿下来，为自己的训导之言道歉。他说道："我只想告诉各位，如同诸位听牧师布道一样，可别忘了，你如果要做一名成功的小说家，你必须先关注他人。"

如果写小说的秘诀是这样的，那你就可以相信面对面的待人处事也一样如此。

霍华德·瑟斯顿是世界公认的魔术行业的泰斗。他上次到百老汇献技时，我在他的化妆室待了一个晚上。40 年来，瑟斯顿走遍世界各地，表演了无数次惊人的魔术绝技，迷倒了众多的观众，让人惊讶不已。共计 6000 万以上的观众看过他的表演，他挣得差不多 200 万美元的收入。

我向瑟斯顿先生请教他的成功秘诀。他的学业与此毫无关系。他幼年时就离家出走，四处流浪，偷乘过火车货厢、睡过干草堆、挨门逐户行乞，通过货厢外铁路两旁的广告才认识了几个字。

他有非同凡响的魔术知识？没有！他告诉我，关于障眼法方面的书，已出版的就多达数百本。跟他一样精通此道的也有数十人之多。可是他有两样东西是他人所不具备的：其一，他有能力在台上展现自己的性格。他是个魔术大师。他通晓人情。他所做的一切，如每个表情、说话声调、扬眉等在事前都经过了细心的练习。他的动作恰到好处，分秒不差。其二，瑟斯顿对他人表现出一种真切的关注。他告诉我，许多魔术家眼望着观众，而心里却在对自己说："好啊，又来一群傻瓜、一群乡巴佬。看我怎样骗他们。"然而，瑟斯顿跟这类人截然不同。他告诉我，每次登台前，他都会对自己说："我要感谢到这里捧场的观众，因为他们，我才得以用一种愉快的方式谋生。为了他们，我要全身心投入这场表演。"

他声称，每次登台前，都会对自己这样说："我爱我的观众，我爱我的观众。"可笑吗？荒唐吗？你爱怎么想就怎么想。这就是这位有史以来最著名的魔术家所采用的秘诀，我只不过是未加评论地转述给诸位罢了。

宾夕法尼亚州北华伦的乔治·戴克在一家维修站干了30年，因为一条高等级公路从那里经过，自己被迫退休。退休闲居的日子没过多久，他开始厌烦起来，于是拿出自己那把旧提琴来打发时间。没过多久，他四处去听音乐会，跟许多颇有造诣的提琴家攀谈。他以自己那虚心而友好的态度，对每一位所遇音乐家的背景及兴趣都加以关注。尽管他本人算不上什么提琴家，却结识了不少志趣相投的朋友。他参加了一些比赛，不久以后，乡村音乐迷奉送他的"金扎瓦来的提琴玩家乔治叔叔”之名响遍美国东部。当我们听说“乔治叔叔”时，他已经72岁，尽享人生的每一时刻。在多数人认为自己有价值的岁月结束时，他通过对他人的一种持续关注，为自己创造出一段新的人生。

这也是西奥多·罗斯福颇有人缘的秘诀之一。就连他的仆人都敬重他。他的侍从詹姆斯·爱默斯曾写过一本有关他的书，书名是《西奥多·罗斯福，侍从心中的英雄》。在那本书中，爱默斯说出如下一桩感人的事：

> 有一次，我妻子跟总统问起了山齿鹑的事。她从没见过这种鸟，他就不厌其详地告诉了她。过了一段时间，我的农舍（爱默斯和他妻子住在牡蛎湾罗斯福总统领地内的一栋小农舍）里的电话铃声响了，我妻子接了电话，原来是罗斯福先生亲自打来的。罗斯福总统在电话里告诉她，现在她的窗外就有一只山齿鹑，如果她向窗外看去，就可以看到。像这类小事都会予以关注正是罗斯福总统的特点之一。无论他什么时候从我们农舍外面经过，尽管有时他看不见我们，我们仍可听到他的喊声：“喂，安妮在吗？”或者“喂，爱默斯！”这是他路过时的一种友好的问候方式。

像这样一个人，怎么可能不让雇员喜爱呢？谁又能不喜欢他呢？有一天，罗斯福造访白宫，正赶上塔夫脱总统和夫人外出。罗斯福先生表现出了对那些下层人的真诚喜爱，他跟白宫所有旧时的用人打招呼，还能叫出他们的名字，甚至包括洗碗女仆的名字。

阿奇·巴特写道："当他看到厨房女佣爱丽丝时，他还问她是不是还做玉米面包。爱丽丝告诉他，说她有时做给用人们吃，楼上的人都不吃了。

"罗斯福一听就高声叫道：'那是他们没品位，等我见到总统时，就把这件事告诉他。'

"爱丽丝用盘子给罗斯福送上一块玉米面包，他一边吃，一边朝办公室走去，一路上还跟园丁、工人打着招呼……"

罗斯福一如既往地和每个人谈话，就像他做总统时一样。在白宫当了 40 年领宾长的艾克·胡佛满含热泪地说道："这是我这两年来最快乐的一天，在我们这群人中，就是有人拿了 100 块钱交换，我也不会同意的。"

出于类似对微不足道人物的关注，新泽西州查塔姆市的销售代表小爱德华·M. 塞克得到了一位客户。"多年以前，"他说道，"我为马萨诸塞州区域的强生公司做客户拜访。一家客户是新汉姆的一个杂货店。为了获取一份订单，每当我走进这家杂货店，我总会跟汽水管理员兼售货员交谈几分钟，再跟老板细谈。有一天，我朝该店的老板走去时，结果他却对购买强生公司的产品不再感兴趣，并叫我离开，那是因为他觉得该公司正集中精力推行的食品活动和打折商店损害了小型杂货店的利益。我夹着尾巴离开了，还在市里乱转了几个小时。最后，我决定回去，至少尝试着向该店老板讲明我公司的立场。

“当我回到商店后，照例先跟汽水管理员兼售货员打了一声招呼。当我朝老板走过去时，他朝我微笑，并欢迎我回来。接着，他给了我平时订单的双份。我惊讶地望着他，问他在我离开仅几个小时里都发生过什么事。他指了指汽水柜台边的那位年轻人，说在我离开后，他走到老板面前，说来此店会跟他和其他店员打招呼的销售员，我是绝无仅有的一个。他跟老板说，假如有推销员该做成这笔业务，就非我莫属。老板同意了，并且还成了一位忠实的客户。我永远忘不了这一点，真诚地关注他人是一名推销员应具备的极为重要的素质之一。”

我从个人经历中发现，通过真诚的关注，一个人甚至能够赢得千金难求的人物的注意、时间以及配合。请让我举例说明。

几年前，我在布鲁克林文理学院开设了一门小说写作课程，我们想邀请诸如凯思琳·诺里斯、范尼·黑斯特、艾达·塔贝尔、阿尔伯特·培生·特休恩、鲁珀特·休斯等知名且忙碌的作家来布鲁克林给我们讲一讲他们的创作经历。于是，我们就给他们分别写了信，告诉他们我们十分羡慕他们的工作，且对他们的建议和成功之道深感兴趣。

每封信上有大约150名学员的签名。我们还说，我们知道他们一定很忙，没有时间去准备讲稿，所以我们在每封信里附上一张请他们就有关自己以及写作方法等作答的问题表。他们很高兴那样做。有谁不喜欢呢？他们于是都来到布鲁克林助我们一臂之力。

采用同样的办法，我们邀请到了西奥多·罗斯福总统的内阁财政部部长赖斯利·M.肖、塔夫脱总统内阁的总检察长乔治·W.维科夏姆、威廉·杰宁斯·布赖恩、富兰克林·D.罗斯福以及其他众多知名人士来我班做公开演讲。

我们所有人，无论是工厂的工人、办公室的职员，还是在位的国王，都喜欢那些钦佩我们的人。就拿德国的威廉二世皇帝来说。第一次世界大战结束之际，他可能是全球千夫所指、最遭人鄙视的人。在他逃命到荷兰后，就连国人也不愿理他。成千上万的人憎恨他，其程度到了巴不得将他凌迟处死或者施以火刑。在这股怒火燎原的公愤中，有一个小男孩却给他写了一封简单诚恳的信，里面充满着诚挚和钦佩之情。小男孩说，不管他人怎么想，他会永远把威廉当作皇帝来爱戴。威廉皇帝看了这封信，颇为感动，于是就邀请小男孩去见他。小男孩去了，他的妈妈也去了。后来这位皇帝还娶了这小男孩的妈妈。小男孩不需要看如何赢得朋友以及如何影响他人之类的书，天性使他知道该如何去做。

假如我们想交朋友，那就让我们先站出来替他人做些事——做那些需要时间、精力、舍己、体恤的事。当温莎公爵还是威尔士亲王的时候，他计划周游南美洲。出发之前，他费了几个月时间去学习西班牙语，以便能在到访之国用当地语言演讲。南美洲人民因此十分喜爱他。

多年以来，我刻意打听出朋友们的生日。如何才能做到呢？我尽管丝毫不相信星相学，但我还是问对方是否相信人的生日跟个人的性格和气质有关。然后我请他们告诉我出生的月份和日期。打个比方，如果他或她说 11 月 24 日，我自己就会不停重复“11 月 24 日，11 月 24 日”，等朋友一转身，我就把姓名、生日记下，回头再转抄到一本生日簿上。在每年初之时，我把这些生日日期写在我的台历上，好让那天自动引起我的注意。当那一天到来时，对方就收到我的信件或者贺电。那反响真惊人！我常常是世上唯一记住他或她生日的人。

如果我们想交朋友，那就让我们热诚地向他们问好。有人打电话给你，请以同样的心理待之。说一声“你好”以示你非常高兴接到对方的来电。许多电话公司培训接线生，要求他们跟来电者说话的口气投射出关注和热情。对方会觉得该公司关心他们。以后我们接到电话时也应该记住这一点。

对他人表现出真切的关注不仅会为你赢得朋友，也能培养出客户对你所在公司的忠诚。《纽约北美国家银行》杂志某期中刊登了一位储户梅德林·罗斯代尔的一封信。其内容如下：

> 我想说我感谢贵行的职员。他们人人彬彬有礼、个个乐于助人。在长时间排队之后得到出纳员的一声亲切招呼真的令我感到愉快。
>
> 我母亲去年住院长达5个月。我不时拜访贵行的出纳员玛丽·佩特拉希罗。她对我的母亲甚为关心，还询问她的病情进展情况。

罗斯代尔夫人将继续成为这家银行的客户，有谁会怀疑这一点吗？

查尔斯. R.沃尔特斯是纽约市一家大银行的职员，他被指派写一篇有关某家公司的机密报告。沃尔特斯知道有一个人拥有他非常需要的资料。就在沃尔特斯被引进董事长办公室的那一刻，一位年轻女子探头进来，告诉董事长，说她那天没什么邮票给他。

“我在帮我那 12 岁的儿子收集邮票。”董事长向沃尔特斯解释道。

沃尔特斯说明了自己的来意，接着开始提出问题。可是那位董事长的回答却含糊其词、概括笼统、不着边际。他明显不愿意讲。沃尔特斯似乎也没法让他多说点什么。这次会面既短促又无果。

沃尔特斯在讲这个故事时说道:“说实在的，我真不知该怎么办才好。”后来，我突然想起那位女秘书对他说过的话——邮票、12 岁的儿子……我同时又想起了我们银行的国外部收集邮票的事情——从世界各地来的信封上取下邮票。

“第二天下午，我再去拜访了那位董事长，让人捎话给他，说我给他儿子准备好了很多邮票。我是不是被更热情地领了进去？那是自然的事。即使他想竞选国会议员，他那和我紧紧握手的样子也不过如此。他脸上洋溢出喜悦和友好。他一边抚摸邮票，一边说道:‘我儿子乔治一定会喜欢这一张。嗯，瞧瞧这一张。真是少见啊。’

“我们谈了半小时的邮票，还看了他儿子的相片。随后，在我没有暗示他的情况下，他用了一个多小时的时间，为我提供各项我所需要的资料。他说完他自己所知道的情形后，又叫来下属问，接着还给几个同行打电话，还把一些事实、数据、报告和函件都给了我。拿新闻记者的专业术语来说，我得到了独家新闻。”

这儿还有一个例子：多年来，费城的 C.M. 小克纳夫一心想把煤炭卖给一家大型连锁公司，可是那家公司依旧从市郊的一家经销商处购买，而每次运送煤又正好经过克纳夫先生的办公室的门前。为此，克纳夫先生在培训班学员面前大放厥词，痛骂连锁公司是国家的灾难。

他说归说，可心里还是在盘算自己为什么就没法让那家公司买他的煤。

我建议他尝试一下别的策略。简而言之，情形是这样的。我们将该课程的学员进行一次分组辩论，主题是“连锁公司的发展对国家的利弊”。

在我的建议下，克纳夫加入了反方，他同意为连锁公司辩护，然后直接去见他鄙视的那家连锁公司的经理。他说道：“我不是来要你购买我的煤炭的，我有一件事想请你帮个忙。”他谈到自己的辩论赛，接着说道：“因为除了你以外，我找不到谁还能提供我所需的资料。我很想在辩论赛中获胜，你如能提供任何帮助的话，我将非常感激。”

故事的结尾部分是克纳夫的原话：“我请求那位负责人只给我 1 分钟的见面时间。正是出于这一条件，他才答应见我。当我说明自己的情况后，他示意我坐下，跟我谈了 1 小时 47

分钟。他打电话叫来另一位经理，此人写过一本有关连锁公司的书。他写信给全国连锁公司协会，替我找来了不少有关的辩论记录。他认为连锁公司是在真正服务于人类。他对自己服务于数百家社区感到自豪。他谈话的时候，两眼闪烁着光芒。我必须承认他让我开了眼界，让我看到了我做梦都想象不到的事。是他让我从心理上产生了改变。我离开的时候，他亲自送我到门口，一手搭在我肩膀上，预祝我辩论赛获得胜利。他叫我有空再过去看他，顺便告诉他我的辩论赛情况。最后，他对我说道："到春末的时候，你再来看我，我愿意订购你的煤。"

对我来讲，这件事简直就是个奇迹。在未经我提及的情况下，他主动提出要买我的煤。由于我真诚地对他及他的问题给予了关注，在两小时内取得的进展竟比 10 年中我试图让他关注我和我的产品取得的进展还大。

克纳夫先生并没有发现什么新的真理，因为远在基督降生的 100 年以前，一位著名的罗马诗人帕布利里斯·塞勒斯就说过："我们关注他人时，也是他人关注我们时。"

正如其他人际关系原则一样，关注的表示必须真切。这不仅有益于关注者获益，而且有益于被关注者。这是一条双行道——双方均得益。

我们在纽约长岛举办的培训课程时学员马丁·金斯伯

格说，一位护士给予他的特别关注对他的一生产生了深刻的影响。

“那天是感恩节，当时只有 10 岁的我，是一家市立医院福利病房的病人，预定第二天做大型矫正外科手术。我知道接下来的几个月只好接受限制、康复以及疼痛。我的父亲已经去世，我和母亲住在一套很小的公寓里相依为命，靠社会福利救济生活。那天，我的母亲不能过来探视我。

“那天，时间一分一秒地过去，由于没人陪伴、没人一起吃饭，也没钱吃上一顿感恩晚餐，我完全笼罩在寂寞、失望、孤独之中。

“泪水在我的眼眶里直打转，我把自己的头埋在枕头上，扯过被子盖过枕头，我痛苦无声地抽泣着，抽泣得连整个身体都在疼痛。

“一位年轻的实习护士听到了我的抽泣声，并走了过来。她从我的脸上揭起被子，擦掉我脸上的泪水，然后告诉我她是多么的孤独，因为她那天需要上班，不能跟家里的人在一起。她问我是否愿意跟她一起吃饭。她端来两盘东西：火腿肠切片、土豆泥、草莓酱加冰激凌等甜食。她跟我说话，试图赶走我的恐惧，尽管她本该下午 4 点钟下班，结果却待到差不多晚上 11 点才离开。她跟我玩游戏、跟我交谈，直到我睡着为止。

“从那个感恩节起，无数个感恩节到来又离去，不过，每当这个节日一到来，我都不由得想起那个特殊的感恩节，那种挫败、恐惧、孤独之感以及那位陌生人，是她的温暖和亲切让我度过那天。”

如果你想让他人喜欢你，或者想要建立真正的友谊，如果你在帮助自己的同时想帮助他人，务请铭记这一原则：

原则 1

真切地关注他人。

给人良好印象的简单方法

在纽约的一次宴会上，有一位刚得到一笔遗产的女客户。她急于想给每个人留下一种愉悦的印象，她花了不少钱买了貂皮大衣、钻石和珍珠饰品，可惜她对自己的面部未做任何修饰。她满脸透出尖酸和自私。对于人所共知的事，她却毫无所知：也就是说，一个人脸上的表情远比身上穿的重要。

查尔斯·施瓦布曾告诉我，他的微笑可值100万。这样说，他是在谦虚。施瓦布有今日之非凡成就，差不多应全归功于他的人格、魅力和他那种讨人喜欢的特殊才能。而他的最能取悦人的因素之一就是他那令人倾心的微笑。

行动胜过嘴动。一个微笑意味着:“我喜欢你，你使我快乐。我非常高兴见到你!”狗逗人喜欢的原因也是如此。它们见着我们所表现出的那种高兴劲儿，简直是欣喜若狂。所以我们自然也喜欢见到它们。

婴儿的微笑也能产生同样的效果。

不知你是否在医生的候诊室待过，看到过四周极不耐烦地等着看病的那一张张忧郁的面孔?密苏里州雷顿的兽医斯蒂芬·K. 斯普若尔博士说，有一个典型的春日，在他的候诊室满是等着给自己的宠物注射疫苗的人。他们谁都不跟谁说话，可能都在想自己的心事。他在我们其中一个培训班讲道:“当时有六七个人在等着，这时一位女士带着自己9个月大的婴儿和一只小猫走了进来。凑巧的是，她坐在一位先生旁边，此人因为等得太久而显得有点心烦意乱。接下来，他发觉那个小家伙仰着脑袋，还面带婴儿特有的微笑看着他。这位先生都干什么啦?就像你我一样，他自然是回头冲着那婴儿笑了。他很快就开始和那位女士聊起了她的小孩儿和自己的孙辈来。不久，整个诊室都加入了进来，先前的无聊和紧张变成了一种愉快而好玩的经历。”

不具诚意的微笑又如何呢?不行。那骗不了人。我们知道那种微笑是机械的，也是我们所憎厌的。我谈论的是一种真实的微笑、一种温暖人心的微笑、一种发自内心的微笑，即在市场上也能值个好价钱的微笑。

密歇根大学的心理学家詹姆士·V.麦克康奈尔教授表达了他对微笑的看法。他说道:“微笑之人能更有效地教育和推销他人，培养出来的孩子更快乐。一次微笑远比一次皱眉所涵盖的信息更多。那也是为何鼓励比惩罚更有效的原因。”

纽约一家颇具规模的百货商场的一位人事部主任告诉我，说她愿意雇用面带悦人微笑的服务员，哪怕他连小学都没有毕业，也不愿意雇用一个脸孔冷若冰霜的博士。

微笑的影响力即使是看不见的，却是强大的。遍及美国的电话公司推行一项叫作“电话威力”的计划。该计划针对利用电话进行服务或者产品销售的雇员。该计划建议，当你在电话中进行交谈时，应该面带微笑。你的“微笑”会通过你的声音传送出去。

俄亥俄州辛辛那提有家电脑公司的经理叫罗伯特·克莱尔，他告诉我他是怎样成功地招聘了一位称职的合适人选的:“我迫切地为我的电脑公司物色一位计算机科学博士，最后终于发现了一位满足该条件的小伙子。他即将从帕杜大学毕业。跟他通了几次话后，我得知已有几家更知名、更大的公司同意接纳他。当他同意我的邀请之后，我感到非常高兴。在他上岗后，我问他为什么选中我们，而不是别的公司。他停了一会儿，然后说道:‘我想是因为别的公司经理在电话上的言语显得冷淡，一副公事公办的样子。您的声音听起来似乎很乐意接听我的电话……真的想让我成为贵公司的一员。’请相信，我在接电话时仍是面带笑容的。”

一位美国最大橡胶公司的董事会主席告诉我，凭他的观察，一个人除非对自己的事业感兴趣，否则很难成功。对于“苦干才是打开人们渴望大门的神奇钥匙”这一古话，这位实业界领袖人物不太信奉。他曾这样说过：“我了解有些人。他们之所以成功，是因为他们对自己所从事的事业有着浓厚的兴趣。后来，当兴趣成了工作时，我发现他们变了。所从事的事业已经变得枯燥，他们也完全失去了原有的兴趣，最终失败了。”

如果你希望他人见着你就会很高兴，你一定要首先做到很高兴见着他人。

我曾请求成千上万的商界人士，让他们花1周的时间，时刻逢人就展露一个轻松的微笑，然后回到培训班讲一讲自己的心得体会。效果如何呢？我们不妨瞧瞧——这儿有一封来自纽约证券经纪人威廉·B.斯坦哈特的信，他的情况绝非个案。事实上，这样的事例成百上千。

“我已结婚18年有余，”斯坦哈特写道，“这些年来，从我起床到离开家这段时间，我很少朝着我的妻子微笑过，也很少跟她说上几句话。走在百老汇大街上的人中，我可是脾气最坏的人之一。

“当您请我谈谈自己有关微笑的经历所得，我想我愿意尝试微笑一周。于是，第二天清晨，就在我梳头的时候，我看了镜子中自己那张忧郁不堪的脸孔，接着对自己说道：‘比尔，你今天就得擦掉你那张苦脸上的怒容。你要面带笑容。就从现在开始。’当我坐下来吃早餐的时候，我带着微笑跟我的妻子打了声招呼：‘亲爱的，早上好！’

“你告诫我说，她一定会感到很惊奇，不过你低估了她的反应。她当时迷惑，还愣住了。我还告诉她，以后她随时都能见到这样的我。

“我一改过去的态度，从我开始的时候起，在随后的两个多月中，给我的家庭带来的快乐比过去一年还要多。

“我出门去办公室，朝公寓里的电梯员微笑，外加一声：‘早上好！’我会给看门者投去一笑，在地铁售票亭索回零钱时，朝柜台出纳微笑，当我站在交易所时，我会对那些从未见过我微笑的人报之一笑。

“没过多久，我发现每一个人对我投来一笑。我和颜悦色地接待那些来向我倒苦水、述抱怨的人。我一边倾听，一边微笑。做些调整，事情就容易多了。我发现微笑每天都在给我带来财富，很多的财富。

“我和另一位经纪人合用一间办公室。他是一位讨人喜欢的年轻职员。我为自己所得到的效果感到十分得意，所以就跟那位小伙子讲起我那新学到的人际关系哲学。当时，那年轻人就从实道来，说我起初跟他的公司合用这间办公室时，他觉得我是一个脾气极坏的人，只是最近他才改变了自己的看法。他说，当我微笑的时候，还真有人情味。

“我也一改此前对人的批评，把斥责他人的话换成赞赏和表扬。我不再说我需要什么。我现在尽量去感受他人的观点。所有这些事实已彻底改变了我原有的生活。我现在是一个跟过去完全判若两人——一个比过去更快乐的人，一个因拥有友谊和快乐而感到更富足的人。这才是唯一重要的事情。”

你不想微笑，是吗？那么你想干吗？有两件事，不妨试一试！第一，强迫你自己微笑。如果你是单独一人，不妨吹吹口哨、哼哼曲子、唱唱歌，就像自己真的很快乐一样，那样容易使你快乐。如下是心理学家兼哲学家威廉·詹姆斯的见解：

“行动似乎是追随情感而来的，可事实上，行动和情感是携手同行的。通过调整直接受意志控制的行动，我们可以间接地调节不受意志控制的情感。

“所以，如果我们失去了快乐的心情，那么通向快乐的至高无上的自觉途径就是：快乐地坐直身姿，就像快乐就在身边一样行动、言谈……”

世界上的每个人都在追求快乐——找到快乐的稳妥方法只有一种，那就是通过控制你的思想来实现。快乐不取决于外部条件，而取决于内在条件。

使你快乐或者不快乐的因素，不是你拥有什么，或者你是谁，或者你身处什么地方，或者你在干什么事，而在于你怎么看待快乐与否。比如有两个人，他们俩可能在同一个地方，做同一件事情，他们俩的钱财也几乎一样多，地位也一样高，然而其中一个可能愁眉苦脸，另一个则快乐无比。

这是为什么呢？就因为他们持有不同的心态。在酷热不堪的热带，我看见过许多贫苦的农民面带快乐用原始的农具辛勤耕作，其人数之多，不亚于在纽约、芝加哥或者洛杉矶空调办公室的人数。

莎士比亚曾说过："好与差没什么区别，那是由于人的想法使然。"

林肯说过"大多数人的快乐程度取决于他们想要自己快乐的程度"。他说得没错。我曾目睹过这一说法的生动例证。我当时正走上纽约长岛车站的石梯，就在我前面有三四十个靠拐杖行走的跛脚男孩，正吃力地沿石梯一级一级往上走。有一个男孩只得靠人背上去。可是他们的欢乐笑声使我惊奇不已。我后来跟负责照顾这些孩子的人谈起这件事，他说道："哦，是的，当一个男孩意识到自己将残废终生时，他起初会感到大为震惊。可是，当这种震惊过去，他通常会顺从命运的安排，之后就会变得跟正常的孩子一样快乐。”

我真想向那些残废的男孩儿脱帽致敬，是他们给我上了终生难忘的一课。

独自一人在办公室的一间屋子工作不仅孤独，还切断了跟公司的其他雇员交朋友的机会。墨西哥瓜达拉哈拉的玛利亚·贡扎勒兹夫人的工作环境就是这样的。她听到公司其他同事有说有笑，她羡慕这种共同的情谊。在她上班后最初的几周时间里，每当她在大厅经过他们身边时，她都羞涩地移开自己的视线。

又过了几周，她对自己说："玛利亚，你可别指望那些女同事会过来找你。你应该自己出去接触她们。"接下来的一次，她走到冷水机旁边，脸上挂着最灿烂的笑容，逢人就打招呼："嗨，你今天还好吧？"那反响真是立竿见影。一个个笑容、一次次招呼反馈了回来。整个大厅似乎更加活跃、工作气氛更加友好了。

关系熟悉起来并逐渐加深，有些关系最后发展成了友谊。她的工作变得更加喜悦、更加有趣。

散文家兼出版商厄尔伯特·哈巴德有一则贤明的忠告，不妨阅读一下。不过要记住，除非你运用，光阅读是没什么效果的：

> 每当你出门时，务必收缩下巴、高高抬头、双肺吸满气、沐浴阳光、笑迎朋友、用心握手。不要担心被人误解，一刻也不要去想你的任何敌人。试着在心里确定你想做的事情，然后心无旁骛地直奔那一目标而去。一心想着你想干的大事和要事，然后，随着日子一天天过去，你会无意中发现实现你理想所需的每一个机会，就像珊瑚虫从涌动的潮水中汲取自己所需的营养一样。在头脑中想象自己渴望成为的那种能干、认真的样子，那么你的这一想法就时时刻刻在把你转变为那种特殊的个人……

思想是至高无上的。保持一种正确的心理态度——勇敢、坦然和愉快的态度。正确的思考就是创造。一切东西都源自渴望，每种真诚的祈祷都会得到回应。只要我们的心有所想，那么我们的事情就能做成。务必收缩下巴、高高抬头。我们是未来的希望之神。

中国的古人是一群智慧超群的人——对周围的事物了解颇为透彻。他们有一则格言值得你我剪下来、贴在帽子里面。那则格言是这样的:“人无笑脸，切莫开店。”（意为和气生财。——译者注）

你展现出的笑容，是你好意的使者。所有见着你笑容的人会因此而喜悦起来。对那些见过不少愁眉苦脸之人，你的笑容恰如阳光穿过一团团乌云。尤其对那些面对来自老板、客户、老师、家长、孩子等压力的人来说，一个微笑可以让他意识到，并非毫无希望——这个世界毕竟还有快乐可言。

几年前，在圣诞购物高潮期间，纽约市一家百货商场意识到销售员承受的巨大压力，于是就给自己的广告读者提供了如下简朴的哲理：

圣诞节期间微笑的价值

它花钱不多，但创造的财富不少。

它让获得之人富有，却不会让赠予者贫穷。

它在顷刻之间产生变化，但有时永远留在记忆中。

再富有之人没它难以生活下去，再穷之人有它也富有。

它创造家庭的幸福、激发商家的善举、朋友的认同。

它是厌倦者的憩园、沮丧者的光明、伤心者的阳光、大自然中的最佳解忧药。

但它不能买到、讨得、借用、盗走，因为对任何人来说，除非赠送，它都算不上人间佳品。

圣诞购物最后高潮期间，假如我公司销售员因疲倦而没给你笑容，可否恳请你留下你的笑容？

因为没法留给他人笑容之人才是最需要笑容之人！

原则 2

微笑。

避免麻烦的方法

早在 1898 年，在纽约的罗克兰县发生过一桩悲剧。有个男人死了，就在那一天，邻居们都打算去参加葬礼。

法利先生去马棚里牵出自己的马。当时地上积了一层雪，天气寒冷刺骨。那匹马好几天没有运动了，一牵到水槽边，就调皮地来回打转玩，把两条腿举得高高的，法利不幸被活活踢死。

法利先生这一死，他留下了遗孀、三个孩子以及几百美元的保险金。

他的长子小吉姆当时只有 10 岁，只得去一家砖厂上班。他用推车把沙土倒入砖模，然后再把成品砖竖在太阳底下晒干。尽管吉姆这孩子未曾有机会受过多少教育，可是由于他有先天的豁达性格，自然就讨人喜欢。所以，他后来从政了。随着时间年复一年地过去，他逐渐养成了一种善记人名的特殊才能。

吉姆从来没见过中学是什么样子，可是在他46岁之前，已有4所大学授予他荣誉学位。他还当选过民主党全国委员会主席，担任过美国邮政总局局长。

我曾经拜访过吉姆·法利先生，向他讨教成功的秘诀。他说道：“苦干。”我回答道：“别逗我了。”

“不，你错了，”他对我说：“我可以叫出1万个人的名字。”

可别小看了这一点。法利先生在1932年负责协助富兰克林·D.罗斯福的总统竞选，正是凭着这种本领，他为罗斯福入主白宫助了一臂之力。

在吉姆·法利为一家石膏公司做旅行推销员以及担任石头点村书记员的岁月里，他养成了一种记住他人姓名的习惯。

起初，他的方法很简单。每逢结识一位新交，他就查明对方的姓名以及家庭背景、对方的商业和政治见解。他把这些当作图片牢记在心中。下次再遇到这个人，即使已相隔1年，还能跟他握手、问候他的家人、打听他家后院的蜀葵。难怪他有不少的追随者。

在罗斯福总统竞选开始前几个月，吉姆·法利每天要写数百封信，寄往美国西部、西北部各州。之后，他搭乘火车，在19天里走完了美国20个州，行程达12000英里。他或搭轻便马车，或坐火车、汽车、轮船等。吉姆会在每个城镇停留一段时间，找熟人吃早餐、午餐、茶点、晚餐，跟他们“交心”，接着再匆匆赶赴自己的下一段行程。

当他返回东部时，立即给在各城镇会过面的人各写一封信，请他们把曾经谈过话的客人名单寄给他。名单上不计其数的人都为收到吉姆·法利的亲笔信而感到荣幸。这些信都以“亲爱的比尔”或者“亲爱的简”开始，最后总是签上“吉姆”二字。

吉姆·法利早就发现，一般人对自己的姓名比对世界上任何事情都更为关注。如果你能记住那个人的姓名，接着自然地叫出来，那你就给了对方一个微妙而有效的恭维。可是，如果把那人的名字忘记，或者叫错了，那你就把自己置于一种极其不利的位置。比如说，我曾在巴黎举办过一个演讲培训班，并把套用信函寄给留居巴黎的所有美国人。法国打字员的英文水平显然很差，自然就出错了。其中一个学员是巴黎一家美国大银行的经理，他给我写了一封颇为尖刻的责备信，因为他的名字被拼错了。

一个人的名字有时的确很难记住，尤其是当这个名字念起来很拗口之时。很多人不是努力去学会它，而是干脆忽略它或者是用一个容易叫出口的昵称来称呼此人。希德·李维曾有段时间拜访过一位名叫尼克德牧斯·帕帕杜鲁斯的客户。多数人叫他“尼克”。李维跟我们说道：“在我前往拜访之前，我使劲儿默念了几次他的名字。当我用全名跟他打招呼‘下午好，尼克德牧斯·帕帕杜鲁斯先生’之时，他颇感吃惊，好几秒钟之内都没能做出回应。最后，他泪流满面地对我说道：‘李维先生，我来到这个国家长达15年之久，就没见到过任何人尝试着用正确的名字称呼过我。’”

安德鲁·卡耐基成功的原因是什么呢？

他被人们称作“钢铁大王”，可是他自己对钢铁制造却懂得并不多，不过他手下拥有成百上千的人，这些人对钢铁的了解远胜安德鲁·卡耐基。

可是安德鲁·卡耐基懂得如何处事待人，而这正是他致富的原因。他早年就表现出一种超群的组织本领和领导天才。到10岁时，他就发现人们非常看重自己的姓名，于是就利用这一发现去赢得他们的合作。举例来说：当他还是个苏格兰男孩时，他曾抓过一只兔子——一只母兔。没过多久，这只母兔生下了一大窝小兔，但他找不到可以喂小兔吃的东西。不过安德鲁·卡耐基想出一个绝妙的主意。他跟邻近的小男孩、小女孩们说，如果他们愿意出门去给小兔采回一些苜蓿和蒲公英，他就把这些小兔用他们的名字命名。

这项计划产生了神奇的效果，卡耐基对此永志不忘。

多年以后，他在商业中运用了同样的心理，使他获得数百万元的收入。例如，他要把钢轨卖给宾夕法尼亚铁路公司，而J. 埃德加·汤姆逊当时就是这家公司的董事长。于是，安德鲁·卡耐基就在匹兹堡建造了一家大型的钢铁厂，还将其命名为“埃德加·汤姆逊钢铁厂”。

这儿有个谜，请你猜猜看。当宾夕法尼亚铁路公司需要钢轨时，你认为J. 埃德加·汤姆逊会向哪一家采购？西尔斯公司还是罗博克公司？不，不。你猜错了。再猜一遍。当卡耐基和乔治·普尔曼为争夺该铁路公司卧铺车厢订购生意时，这位钢铁大王又一次想起了兔子的经验。

安德鲁·卡耐基控制的中央运输公司当时和普尔曼经营的那家公司争得不可开交。双方都拼命想获得联合太平洋铁路公司的卧铺车厢订购生意，因而互相顶牛、接连杀价到了几乎血本无归的境地。卡耐基和普尔曼都去纽约见联合太平洋铁路公司的董事会成员。一天晚上，卡耐基和普尔曼在圣·尼古拉大饭店相遇了。卡耐基说道：“晚上好，普尔曼先生，难道我们俩不是在愚弄我们自己吗？”

普尔曼追问道：“你说这话是什么意思？”

于是，卡耐基就说出了他的见解——把双方的利益合并起来。他用生动的语言描绘出联合给双方带来的优势。普尔曼虽然听得全神贯注，却没有被完全说服。最后他问道：“你准备给这家新公司取什么名字？”卡耐基马上回答道：“不用说，普尔曼皇宫卧铺车厢公司。”

普尔曼的脸上顿时绽开了笑容。他说道:“到我房里去。我们俩好好谈谈。”那次谈话创造出一段企业合作佳话。

记住并尊重朋友和同僚之名，这一策略是安德鲁·卡耐基领导艺术成功的秘诀之一。他能直接叫出厂里很多人的名字，这是他引以为豪的。他还自豪地说，在他亲自处理业务的时候，他的钢铁厂从没有发生过罢工事件。

得克萨斯商业银行股份公司总裁本顿·洛夫认为，公司越大，人情味越淡。“有一种方法可让其浓烈起来，”他说道，“那就是记住所有人的名字。如果哪位经理告诉我说他记不住名字，他就是在告诉我，他记不住自己生意的一个重要部分，那他就是在流沙堆上做事。”

加利福尼亚州兰克珀罗斯威兹市的凯琳·柯西奇是特兰世界航空公司的一位空姐。她习惯尽可能多地记住自己机舱里旅客的名字，以便在为他们服务时叫得出来。这使她得到了不少赞许，有的是当面赞许，有的是通过航空公司。有位旅客写道:“我有些时间没坐特兰世界航空公司的飞机，不过我从现在起只坐该公司的飞机。贵公司让我觉得你们的飞机十分个性化，这一点对我来说很重要。”

人们都为自己的名字感到十分自豪，因此会不惜一切代价竭力想让它流传下去。就连当时最为出名的表演家、气势汹汹的老顽固 P.T. 巴纳姆，也因没儿子继承他的名字而感到遗憾，所以给了他外孙 C.H. 西雷 25000 美元，让他把名字改成“巴纳姆·西雷”。

多个世纪以来，不少贵族和巨头资助艺术家、音乐家和作家，以便其作品以他们的名义流传于世。

图书馆以及博物馆之所以有最为丰富的收藏品，应当归功于这样一些人，他们希望自己的名字不会从其民族记忆中消失。纽约公共图书馆拥有阿斯特和勒诺克斯家族的藏书。大都会博物馆永远保存着本杰明·艾德曼和 J.P. 摩根的签名。几乎所有教堂都装有彩色橱窗，以纪念捐赠者并展示其名字。多数大学校园里的不少大楼都刻着曾为其修建而大量出资的捐赠者姓名。

多数人记不住他人的名字，仅仅因为他们不肯花必要的时间和精力去刻意重复并把名字铭记于心。他们总给自己找一大堆理由，说自己忙得不可开交。

可他们大概不会比富兰克林·D. 罗斯福更忙吧，罗斯福还会花时间去记住并回忆他接触过的机械师的名字呢。

举例说明：克莱斯勒公司为罗斯福先生特制了一辆轿车，因为他的两腿瘫痪，不能使用普通轿车。W.F. 张伯伦和一位技工将这部车送抵白宫。我这里有张伯伦写的一封信，讲述了他的经历：“我教会了罗斯福总统如何驾驶这辆有许多特别装置的轿车，而他却教会了我许多处世待人的艺术。

“我到白宫时，”张伯伦写道，“总统显得极其和气、愉悦。他直呼我的名字，使我感到十分欣慰。他给我留下的深刻印象是，他对我展示的有关东西极为关注。这部车子经过特殊设计，能完全用手操控。一群人围成一团，想看看车子，罗斯福总统说道：‘我看这部车好极了。你只要按下按键，它就能开动起来，你可以毫不费力地驾驶。我认为它棒极了。我不明白它的工作原理，我真希望我有时间把它拆开，看看它是如何工作的。’

“就在罗斯福的朋友和同僚们欣赏这部车子时，他当着他们的面说道：‘张伯伦先生，非常感谢你们花了那么多时间和精力来设计这部车子。这项工作做得好极了。’他极力称赞该车的散热器、特制后视镜和时钟、特制照明灯、椅垫的式样、驾驶者的座位，以及后备厢里带有他姓名缩写字母的行李箱。也就是说，罗斯福总统注意到了我悉心考虑过的每一个细节。他特别提醒罗斯福夫人、劳工部长帕金斯小姐和秘书注意这辆车的不同部件。他还叫来白宫的老侍从，说：‘乔治，你可得照看好这些旅行箱啊。’

“我讲完驾驶要领之后，总统朝我转过头来，说道：‘好了，张伯伦先生，我让联邦储备委员会的委员们等了30分钟了。我该回去工作了。’

“我去白宫时带上了一位机械师，刚到时就把他介绍给了罗斯福总统。他没有同总统说话。罗斯福总统只听到一次他的名字。这位机械师是个腼腆的人，一直躲在人堆里。当我们正要离去时，总统找到了这位机械师，跟他握手，还叫出了他的名字，并感谢他来到华盛顿。总统致谢时并没有敷衍的意思，而是真诚的。这一点我觉察得出来。

“我回到纽约后才几天，就接到总统亲笔签名的相片和一封感谢信。他是怎样抽出时间来做这件事的，我觉得仍是个谜。”

富兰克林·D. 罗斯福总统知道，获得好感的最简单、最明显且最重要的方法之一，就是记住对方的名字，让别人拥有自重感。可是，我们中间又有多少人能做到这样呢？

当我们被介绍给一位陌生人时，虽交谈过几分钟，但多半时间在临走时根本没记住对方的姓名。

政治家须学会的入门课之一就是：“能回想起一位选民的姓名就是才能。忘记一位选民的名字就会被人遗忘。”

记住名字的能力，在商务、社交方面和政坛是差不多同样重要的。

法国皇帝拿破仑三世，即伟大的拿破仑的侄子曾自夸道，虽然他国事繁忙，可是他能记住他所见过的每个人的名字。

他用了什么技巧？很简单。如果他没有听清楚，他就说：“对不起，我没有听清楚。”如果是个不常见的姓名，他总会询问:“请问这名字怎么拼写的?”

在谈话中，他会不厌其烦地念诵对方的姓名。同时在他脑海中把这人的姓名和他的脸孔、神态、外貌联系起来。

如果是个重要人物，拿破仑三世就会下更大的功夫。当这位皇帝独自一人时，他会把这人的姓名写在一张纸上，集中精力记住它，然后把纸撕掉。这样一来，他不仅有了听觉印象，还有了视觉印象。

所有这些都很费时间，不过,“良好的礼节,”爱默生说过,“是无数微小的牺牲换来的。”

记住并运用他人名字的重要性可不仅仅是总统、公司管理者独享的。这对我们大家都有用。印第安纳州通用汽车公司的雇员科恩·诺丁汉姆，通常在公司食堂吃午饭。他注意到柜台后面的那位女士总是愁眉不展。“她差不多做了两个小时的三明治，而我差不多也成了她的一个三明治。我告诉她我要的东西。她在一把小秤上称了火腿，给了我根莴苣、几片土豆，然后把那些东西一起塞给我。

“第二天，又是同样的程序。同一位女士、同样的愁容。唯一不同的是，我注意到了她的姓名牌。我笑了笑，喊了声:‘喂,尤尼丝。’然后告诉她我要的东西。哎,她竟然忘了用秤,放上火腿、给了我 3 根莴苣、把土豆片堆得都掉到盘子外面去了。”

我们应该意识到名字所包含的神奇魅力，更应该明白只有这个名字是完完全全属于跟我们打交道的那个人的。名字使这个人有别于他人，使他们在众人中独一无二。当我们在处理这一特定个人的名字时，我们要传递出的信息或者提出的要求，就会产生一种特别的含义。从女服务员到公司管理者，在跟他们打交道时，记住他们的名字都会产生奇迹。

原则 3

记住，一个人的名字是任何语言中最甜美、
最重要的声音。

优雅谈吐的简单方法

不久前，我应邀参加一次桥牌聚会。我不会玩桥牌。另外有一位女士也不会玩桥牌。她打听到，在罗威尔·托马斯从事电台工作之前，我曾做过他的经理，还知道在帮助托马斯准备他的见闻演讲的同时，我到欧洲各地旅行过。于是，这位女士就说："哦，卡耐基先生，我真希望您能告诉我您去过的那些地方和看到的离奇景色。"

我们在沙发上坐定后，她提到她跟她丈夫刚从非洲旅行返回。"非洲！"我感叹道："那儿多么有趣啊！我一直都想去非洲看看，可是除了在阿尔及尔做过短暂的 24 小时停留外，我就没有去过非洲。请告诉我，你有没有去野兽出没的地区呢？去过？你真幸运。我真羡慕你。请一定给我讲讲非洲的情形。”

她讲了 45 分钟。她再也没问我到过什么地方或者看见过什么东西。她不再想听我谈论我的旅行经历。她所要的是一位感兴趣的听众，去听她讲述她所到过的地方，以此扩大她的自我意识。

她有什么与众不同的地方？不，没有。许多人都像她的表现一样。

比如说，在一位纽约出版商举办的宴会上，我遇到一位著名的植物学家。我以前还从没有接触过植物学家，因此觉得他极有吸引力。他谈论起了一些奇异植物、开发新种类植物所进行的实验以及室内植物（他还告诉我一些关于马铃薯的惊人事实）。我当时差不多是半个屁股坐在椅子上听他讲的。我自己也有个小型的室内花园，他非常好心地告诉我如何解决我面临的一些问题。

正如我说过，我们是在参加宴会。在座的还有十几位客人，可是我却忽略所有的礼仪规则和其他所有人，跟这位植物学家一谈就是几个小时。

到了午夜时分，我跟每个人告辞准备离开时。这位植物学家转身面向主人，对我说了一番恭维话，说我“极富激励性”，说我这样，说我那样。最后，他说我是一个“最风趣、最健谈的人”。

我是一个风趣、健谈的人？嗨，我几乎什么都没说呀！即使我想说什么，也不可能，除非转换一个话题，因为我对植物学的了解并不比对企鹅的了解多。不过我倒是做到了一点：那就是我做了一次耐心的听众。我耐心地听，那是因为我发现自己确实感兴趣，而这一点他也感觉到了。这自然使他十分高兴。洗耳恭听是我们能给予他人的一种恭维。杰克·伍德福德在其《异乡人之恋》一书中曾经写道：“很少有人会拒绝接受那种专注聆听潜藏的恭维。”我不仅给了那位植物学家专注聆听，我还“诚于嘉许，宽于称道”。

我告诉他我深受吸引、获益匪浅——我真的被吸引了。我告诉他我希望拥有他那样丰富的学识——我真希望如此；我告诉他希望能同他一起去田野散步——我的确想跟他一起去散步；我告诉他我一定还会再见到他——我确实想再见到他。

因此，我姑且让他认为我是一个健谈的人，可事实上，我只不过是一个善于倾听的人，并且还是一个鼓励他谈话的人而已。

谈成一笔生意的秘诀是什么？嗯，借哈佛大学前校长查尔斯·W.艾略特的话来说："成功的商务会谈没有什么神秘的诀窍可言……静心聆听非常重要。再也没有比这个更使人感到荣幸的了。"

艾略特本人就是一位聆听他人讲话的老手。美国最为著名的小说家之一亨利·詹姆斯曾回忆道："艾略特博士的聆听不是沉默，而是一种活动方式。他笔直而坐，双手放在膝盖上，除了两个大拇指或快或慢互绕转动外，不会做出其他任何动作。他面对谈话者，两眼和双耳并用地倾听着。他用心地听，并思考你还有什么话要说。会面结束时，跟他谈话的人觉得自己已经表达了自己想说的话。"

这一点不言自明了，是不是？这问题你不需要上哈佛大学4年便能发现。但你我都知道，百货商店老板租用昂贵的店面、低价进货、把橱窗装饰一新、花了成千上万美元做广告，然后雇用那些不懂得倾听顾客讲话的店员——那些店员打断顾客说话、顶撞顾客、激怒顾客，还差不多到了要把顾客赶出商店大门的地步。

芝加哥的一家百货商场差一点儿失去了一位老顾客，就因为一位销售员不善于倾听。这位顾客每年在那家商场要消费数千美元。亨利埃塔·道格拉斯夫人是我们芝加哥培训班的学员，她曾经购买了一件打了特价的外套。当她把衣服带回家后，却发现衬里有个缺口。她第二天回到商场，要求售货员给换一件。结果那位售货员拒绝倾听她的意见。“你买的可是打了特价的外套。”女售货员说。她指了指墙上的提示语。“你自己读一读，”她大声说道，“‘所售商品，概不退货。’你一旦买了，那就是你的。你自己把缺口缝上。”

“可这是一件损坏的东西。”道格拉斯夫人抱怨道。

“那也没什么两样，”售货员打断了她的话，“不退货就是不退货。”

道格拉斯夫人气冲冲地一边离开，一边发誓绝不再来那家商场，恰巧此时，那位知道她是多年老顾客的商场经理碰到了她并打了招呼。道格拉斯夫人跟她道出了事情的原委。

这位经理仔细地听完了整个经过，查看了那件外套，然后说道：“特价货物概不退货，这样一来，我们就可以在换季时处理掉商品。但这一‘不退’的规定并不适用于损坏的货物。我们当然要修补或者换掉衬里。如果您不愿意修补，我们可以退款。”

瞧！这处理方式就是不一样！如果商场经理没有过来倾听顾客的意见，就永远失去了这个多年的老客户。

正如在商界一样，倾听在家里也一样重要。纽约的米莉·埃斯帕托在孩子跟她说话时，十分注意倾听。一天晚上，她跟自己的儿子罗伯特坐在厨房里。等他们短暂地讨论过他心里想到的事情后，罗伯特说：“妈妈，我知道您非常爱我。”

埃斯帕托夫人深受感动，说：“我当然非常爱你。你怀疑过这一点吗？”

罗伯特回答道：“不，没有，不过我真的知道您很爱我，因为我每次想跟您说什么事情的时候，您都停下手上的活儿来听我说话。”

当面对一位满怀耐心及同情心的聆听者，老发牢骚的人，甚至最尖刻的批评者都会软化、被降服，哪怕这个吹毛求疵的人就像眼镜蛇一样即将抬头攻击你！比如说：数年前，纽约电话公司发现不得不面对一个最为难缠的顾客。这位顾客甚至用最为刻薄的字眼诅咒客服代表。他的确咒骂了。他大放厥词。他扬言要把电话连根拔掉。他声称电话单上的一些收费有假，因而拒绝付账。他还向各大报社投诉，并向公众服务委员会提出了无数个申诉，又跟电话公司打了几场官司。

最后，电话公司派了一位最有技巧的“调解员”去面见这位怒气冲冲的客人。这位“调解员”静静听着那位难以对付的顾客尽情地发泄满腹的牢骚，他一边聆听着，一边回答“是”以示同情他的遭遇。

这位电话公司“调解员”在我们的一个培训班说出了自己当时的经历：“他大放厥词，而我静静听了差不多 3 个小时。后来我又去了他那里，再听他发牢骚。我前后跟他见过 4 次。在第四次访问结束之前，我已成为他正筹建的一个组织的特别会员。他给这个组织取名为‘电话用户保护协会’。我现在仍然是这个组织的会员，不过，就我所知，除了这位先生以外，我是唯一的会员。

“在这些访问中，对他所举的每一点理由，我都是静静听着，并表示同情。据他表示，电话公司里的人从没有人像这样跟他交流过，因而他对我的态度渐渐友善起来。在我去拜访他的第一次、第二次甚至第三次，我对拜访的目的只字未提。最后，在第四次，我完全了结了这桩纠纷：他把所有的账款都付清了，在过去接连找电话公司的麻烦中，这还是他第一次主动从公众服务委员会撤除申诉。”

毫无疑问，这位先生认为自己是一位保障公众权益不受残酷剥削的圣徒。可实际上，他不过是想要得到一种自重感。当他从电话公司代表身上获得这份自重感后，他起初大吵大闹所想象出来的种种委屈也就消失到九霄云外去了。

多年前的一个早晨，一位愤怒的顾客闯入朱利安·J. 迪特梅尔的办公室。迪特梅尔是迪特梅尔毛呢公司的创始人，该公司后来成为世界上最大的服装行业的毛呢供货商。

迪特梅尔先生跟我解释道：“这位顾客只欠我们很小一笔钱，尽管他不肯承认，可是我们知道他并不占理。所以我们的信用部坚持要他付款。他接到我们信用部几封信后，随即打点行装就来到了芝加哥。他急匆匆地走进我的办公室，通知我他不但不付那笔钱，而且以后绝不再从迪特梅尔公司购买1块钱的商品。

“我耐着性子听完他想说的那些话。我曾想打断他，可是我意识到那样做不可取。我尽量让他发泄，当他最后这股气慢慢平息下来后，表现出有听取他人意见的样子，我便轻言细语地说道：‘我很感激您特地来到芝加哥，并将此事告诉我。您已帮了我们一个大忙，因为如果我们的信用部得罪了您，那它很有可能还会惹恼其他优秀的客户，而那种局面就不堪设想了。请您相信我，我迫切需要了解您刚才所说的情形。’

“他怎么也没想到我会讲出那些话来。我想他可能感到有点失望，因为他来芝加哥的目的，就是想跟我说出个一二来的，可是我却感谢他，而不是跟他较劲儿。我向他保证我们会把那笔账销掉，从此不再提及这件事，因为他很仔细且只有一个账目要处理，而我们公司职员要处理成千上万笔账目，所以他弄错的概率远比我们小。

“我告诉他，我很是了解他的感受，还说，如果我遭遇到他那样的问题，也无疑会像他这样去做。鉴于他不再购买我们公司的货物，我十分有诚意地为他推荐了其他几家毛呢公司。

“过去他来芝加哥时，我们经常一起午餐，所以那天我也请他吃饭。他极其勉强地答应了。等我俩吃过午餐回到办公室后，他给了我一个比过去更大的订单。他怀着平静的心情返回，他也想像我对待他一样给我们一个公平。他回去仔细地查看他的账单，之后终于找到了那份放错地方的账单。他随后寄来支票，还附上了一封道歉信。

“后来他妻子给他生了个男孩，他就用迪特梅尔作为儿子的中间名。他一直是我们公司的朋友和忠实主顾，直到22年后他去世为止。”

多年前，有个贫穷的荷兰籍男孩，他在放学后替一家面包店擦窗以便补贴家用。他家非常贫苦，所以他经常提着篮子上街，从水沟里捡起运煤车上掉下来的煤块。这个男孩子叫爱德华·博克，一生所受到的教育还不到6年，可最后却成了美国新闻界最成功的杂志编辑之一。他是如何做到的呢？说来话长，但他是如何开始的可以一言以蔽之。他的开始就是本章所提倡的几个原则。

博克13岁就辍学，成为西联公司的打杂工，可他从未放弃过受教育的想法。他开始着手自学。他从不乘车，还把午饭的钱也省了下来，直至省下的钱可买一部《美国名人传记大全》，后来他做了一件人们闻所未闻的事。爱德华·博克详细研读了所有这些名人的生平，还写信给他们，请求他们再告诉他一些有关他们童年的事情。博克是一个善于倾听的人，他让名人们谈更多有关他们自己的情况。他写信给当时正竞选总统的詹姆斯·A.加菲尔德将军。在信中，他问对方是不是确实在运河上做过拉船工。加菲尔德接到那封信后还回了他一封信。博克写信给格兰特将军，询问了某一次战役的情形。格兰特将军在回信中给他画了一张地图，还邀请这位14岁的小男孩儿吃饭，并跟他谈了一个晚上。

没过多久，这个西联公司的打杂工就和国内许多著名人物保持着通信往来，比如拉尔夫·沃尔多·爱默生、奥利弗·温德尔·霍尔姆斯、朗费罗、亚伯拉罕·林肯夫人、路易莎·梅·阿尔科特、谢尔曼将军和杰弗逊·大卫等。他不仅仅跟这些名人通信，而且还利用放假的时间拜访过他们，并成为这些人家中颇受欢迎的客人。博克这一经历使他充满了无法估价的自信心。这些名人激发了他的理想和雄心，铸就了他未来的人生。所有这些之所以能得以实现，请允许我再说一遍，都是因为运用了我们正在讨论的种种原则。

采访过数百位名人的记者艾萨克·马可逊声称，许多人不能给人留下好印象，其原因就是不注意倾听别人的谈话。“这些人十分关注自己接下来要说的，结果不倾听他人的话……重要人物曾告诉我说，他们喜欢优秀的听众胜过健谈的人。能倾听他人的能力似乎要比任何良好的性格都要罕见。”

不只是大人物才喜欢善于倾听的人，普通的人也是如此。

正如《读者文摘》曾说过的那样："很多人找医生看病，他们所要的不过是位耐心的听众。"

在美国内战处于最黑暗期间，林肯写信给伊利诺伊州斯普林菲尔德市的一位老朋友，请他来华盛顿。林肯说他有些问题需要跟对方讨论。这位老邻居来到了白宫，林肯跟他说了数小时关于颁布《解放黑奴宣言》的可取性。林肯把针对这项行动表示赞成和反对的理由都加以研讨，然后看了些信件和报上的文章，有的指责他不解放黑奴，有的攻击他是怕他会解放黑奴。就这样谈了几小时后，林肯和这位老邻居握手道别，并没有征求他的建议就让他回伊利诺伊州去了。所有这段时间都是林肯在说话。他说了这番话后，似乎大脑清晰多了。这位老邻居说道："林肯跟我谈过这些话后，他似乎舒坦了不少。"林肯需要的不是这位老邻居的建议，他需要的只是一位友好、富有同情心的倾听者，来释放自己心头的苦闷。这正是我们遇上困难时所需要的。这也是一位被惹怒的顾客、有怨气的雇员或者受伤害的朋友所需要的。

近代以来伟大的倾听者之一就是西格蒙德·弗洛伊德。一位见过弗洛伊德的人描述了他的倾听方式："他倾听他人说话的样子给我的印象非常深刻，我永远也不会忘记。他所拥有的品质是我在别人身上从未见过的。我也从未见过类似的专注情形。那种'穿透灵魂的眼神'的事情实在罕见。他的目光温和而亲切。他的声音轻柔而热情。他身体动作很少很少。不过，尽管我讲得很差劲，但他给我的关注和对我讲话的赞赏简直是非凡的。**你未必明白那样被人倾听的内在含义。**”

如果你想知道他人会如何躲开你、背地里嘲笑你，甚至瞧不起你，这里有个绝好的办法：永不长时间倾听他人讲话。一味地只顾谈论自己。如果他人正在谈论一件事情，你自己觉得有个人见解，不等对方把话说完：直接插嘴、打断对方。

你认识那种人吗？不幸的是，我见到过。让人惊讶的是，这些人中有的还是名人。

那种人很令人憎厌，因为他们醉心于自己的自我意识或者说自重感。

只谈论自己的人，永远只为自己着想。长期任哥伦比亚大学校长的尼古拉·穆雷·巴特勒博士说过：“只为自己设想的人，是无可救药的。无论他们怎样教化，仍然跟没有受过教育一样。”

所以，如果你有志成为一位拥有谈笑艺术的人，那就需要做一位专心的听众。要使他人对你感兴趣，先要对他人感兴趣。问他人乐于回答的问题，鼓励他人谈论他自己和他的成就。

请记住，你的听众对自己的需要和问题比对你的需要和问题关注要多上100倍。一个人牙痛，对他来讲要比外国发生天灾死了100万人还重要。一个人脖子上的一个小疮，对他来讲要比非洲发生40次地震更值得关注。

原则4

做一位优秀的听众，鼓励他人多谈论他们自己。

吸引他人的方法

每一位拜访过西奥多·罗斯福的人，都会对他渊博的学识感到惊奇不已。无论来访者是牛仔还是骑士，是纽约的政治家还是外交家，罗斯福都知道应该说些什么。那是怎么一回事呢？答案很简单。在接见来访者的前一天晚上，罗斯福就阅读他所知道的那位客人可能感兴趣的话题相关资料。

因为就像别的领导人一样，罗斯福知道通向一个人心底的坦途，就是谈论那人最为珍惜的事物。

和蔼可亲的散文家、耶鲁大学文学教授威廉·里昂·菲尔普斯早年就学到了这一课。

“在我8岁的时候，有个周末，我去斯坦福姨妈家玩，”他在《人性》一书中写道，“有天晚上，一位中年人来访。他跟姨妈寒暄过后，就把注意力集中在我身上。那时，我对帆船有着极大的兴趣，而那位客人谈到的话题似乎尤其让我感兴趣。他走后，我热情地谈到了他。这人真不错！姨妈告诉我说，那位客人是纽约的一位律师，其实他并不在意什么帆船，对帆船这个话题也没什么兴趣。‘可是他怎么会一直谈论帆船的事呢？’

“‘因为他是一位绅士。他见你对帆船感兴趣，于是就谈了些自己对这方面的了解让你感兴趣、让你高兴。他让自己受人欢迎。’”

威廉·里昂·菲尔普斯补充道：“我从未忘记姨妈说过的那些话。”

当我写作这一章节时，我手头有一封信，是热心童子军工作的爱德华·L. 查理夫寄来的。

查理夫先生在信中写道：“有一天，我需要有人帮忙，因为在欧洲将举行一次童子军大露营，我要请美国一家大公司总裁资助我一笔童子军的旅费。

“幸运的是，在会见那位大老板之前，我听说他曾开了一张 100 万美元的支票，随后又撤掉那张支票，并让人装入相框中。

“所以当我一走进他办公室，我做的第一件事就是要求观赏那张支票。100 万美元的支票啊！我告诉他，说我从没有听说有人开出过这么大的支票，我要跟我那些童子军们讲，说我的确见到过一张 100 万美元的支票了。他很高兴地给我出示了那张支票。我表示了羡慕，同时请他告诉我这张支票是怎么开出的。”

你注意到没有？查理夫先生开始并没有谈到童子军、欧洲大露营或者他需求的事，而是谈论对方感兴趣的事。结果是这样的：

“不一会儿，我拜访的那位总裁说道：‘哦，顺便问一下，你找我有什么事吗？’于是我就告诉他我的来意。

“大大出乎我意料的是，他不但立即答应我的要求，还大大超出我的预期。我只希望他赞助1名童子军去欧洲，可他资助了5名童子军，而且连我自己也受邀在内。他签了一张1000美元的银行支付凭证，让我们在欧洲住了7个星期。他又替我写了几封介绍信，吩咐欧洲各城市分公司的经理妥善照顾我们。他本人去欧洲时，还在巴黎亲自接待我们，带领我们游览了全市。

“自打那时起，他还替几名家庭贫困的童子军提供了工作，他现在仍然是这个童子军团体的积极支持者。

“然而我知道，如果不是我事先知道他的兴趣所在，而只是试图让他关注这事，我想他十有八九没那么容易接近。”

在商场上，这也是一种有价值的方法，不是吗？下面一例是关于纽约一家面包批发公司的——杜夫诺伊父子公司：

杜夫诺伊先生一直希望把面包销售给纽约的一家旅馆。4

年来，他每星期都去拜访那家旅馆的经理。那位经理去哪一家交际场所，他也跟着去那儿。他甚至在那家旅馆租下一间房间，只为获得生意，可是都没成功。

杜夫诺伊先生说：“后来，在研究过人际关系后，我决定改变策略，想办法找出这人感兴趣的事——什么东西能引起他的注意。

“我发现他加入了美国旅馆接待者协会。他不但是会员，而且他的热心还让他担任了这个组织的会长，同时还是国际接待者协会的会长。不论该组织的开会地点在哪里，他都悉数到场。

“所以，第二天我见到他的时候，就开始谈论起该协会的事情。我果然看到了反应！他跟我讲了半小时关于该协会的事情。他说话的时候是那么的兴高采烈。我明显地看出，那个组织不仅是他的兴趣所在，也是他生活的激情所在。在我离开他的办公室之前，他向我‘推销’了他那个团体的入会资格。

“我当时只字未提面包的事。不过几天后，他旅馆的主管给我打了一个电话，让我把面包的价目和样品送过去。

“那位主管跟我打招呼：‘我不知道你在那老头儿身上下了什么功夫，不过他的确买了你的账。’

“想想吧！我在他身上花了4年时间，就是想做他的生意。

如果还找不到他的兴趣所在，那我不知还得费多少时间呢！”

马里兰州黑吉斯顿的爱德华·E.哈里曼从军队退役后，选择定居在马里兰州美丽的坎伯兰谷地。不幸的是，当时该地区的工作机会不多。他稍做调查，结果发现该地区的一些公司或属于或受控于一位商业奇才R.J.范可豪瑟。此人由贫到富的崛起经历让哈里曼先生十分着迷。不过，此人以求职者难以接近而闻名。哈里曼先生写道：

“我曾访问过不少人，得知此人的主要兴趣全靠权力和金钱之欲维系。他雇用一名忠实而严厉的秘书，以防像我这样的人接近。于是我就对这位女秘书的兴趣和目标进行了一番研究，然后未经通报突然去了她的办公室造访。差不多15年以来她就像卫星一样围绕着范可豪瑟先生运转。当我告诉她我有一个建议，这有助于她老板在商业和政治上成功，她立刻表现出了热情。我也跟她谈到如有她的积极参与，他定可成功。这次交谈后，她为我安排了与范可豪瑟先生的见面。

“我走进他那宽大而气派的办公室，决定不直接去提及找工作的事。他坐在一张巨大的雕花办公桌后面，朝我大声叫道：‘什么事啊，年轻人？’我回答道：‘范可豪瑟先生，我认为我能为你赚钱。’他立刻起身，邀请我坐在一把皮椅上。我列举了我的种种想法、我本人实现这些想法所具备的条件，以及它们如何有助于他个人和企业的成功。

"我称之为'R.J.'的那个人立刻雇用了我，20多年以来，我在他的企业里成长起来了，我和他都成功了。"

为对方的利益说话对双方都有好处。与雇员交流方面的领军人物豪沃德·Z.赫尔兹格一直遵循这一原则。当问及他从中获取了什么回报时，赫尔兹格先生的回答是，每次跟不同的人交谈，他所获取的都是不一样的回报，而且就一般情况来看，那份回报就是他人生的一次放大。

原则 5

为他人的利益说话。

让人立刻喜欢你的方法

我在纽约33号街与第八大道交会处的邮局排队，等候寄一封挂号信。我注意到，那位职员似乎很烦自己的工作——称称重量、递出邮票、找补零钱、填写收据——如此单调的工作年复一年真折磨人。我于是自言自语道："我想让那位职员喜欢我。要让他喜欢我，显然我必须说些他爱听的话语。"于是我问自己："他有什么地方可以让我真心实意地赞赏呢？"有时候这确实是个难以找到答案的难题，尤其是针对陌生人。不过，就现在这一情形来看，碰巧还算容易。我立刻发现一件让我称赞不绝的事。

就在他称我的信时，我热忱地说道：“我真希望能有你那样的一头秀发！”

那位职员抬起头来，神情先是惊讶，随后露出一脸笑容。“啊，可比不上以前啦。”他谦虚地回答道。我确信地告诉他，说他的头发或许失去了一些原有的光泽，不过现在依然十分美丽。他高兴极了。我俩愉快地谈了几句，最后他对我说道：“许多人都称赞我的头发。”

我猜想那位职员中午去吃午饭的时候，他会脚步轻松，有如腾云驾雾一般。我猜想他那晚回家跟他太太提到过这事。我还猜想他对着镜子说道：“嗯，我这头发确实不错。”

我曾在公共场所讲过这个故事，有人随后问我：“你想从那个职员身上得到些什么？”

我想从他身上得到些什么！我想要从他身上得到些什么！

如果我们都是那样自私至极，以至于非得从他人身上得到什么才愿意释放一点快乐、才肯传递一点真心的赞扬——如果我们的气量小得跟酸苹果一般，那我们活该遭到失败。嗯，没错，我确实是想要从那人身上得到点什么。我想得到价值无比的东西，而我已经得到了。我让他觉得我为他做了一件他无以回报的事。那种感觉就是，即使事情过了很久，却在你的回忆中流动着。

人的行为有一项至关重要的定律。如果我们遵守这项定律，我们几乎永远不会遇到麻烦。事实上，如果遵守这项定律，它会给我们带来无数的朋友和无尽的快乐。可我们一旦违背这一定律，我们注定会遭遇无穷的困难。这项定律是：**永远使对方感觉重要。**诚如我们已经注意到的那样，约翰·德威教授曾说过："自重的欲望是人性中最深层的驱动力。"威廉·詹姆斯博士说过："最为深层的人性原则就是渴求为人所赏识。"正如我曾经说过的那样，人与动物之所以不同，就在于这种驱动力。也正是这种驱动力才导致了文明本身。

数千年以来，哲学家们一直不停地思考着人类关系的种种法则。而在所有的思考中，结果只归纳出一条重要定律，而且这条定律并不新颖，它跟历史一样古老！波斯的琐罗亚斯德在2500年前就把那条定律教给了他的教徒们。2400年前，孔子在中国传授过此定律。道教始祖老子在函谷关对尹喜也传授过此定律。公元前500年，佛祖释迦牟尼在神圣的恒河岸边就传授过那条定律，印度教经典著作对此的传授还要早1000年。耶稣1900年前在朱迪亚乱石山上也传授过它。耶稣将它总结为一种思想——可能是世界上最重要的定律："己所欲，施于人。"

你想要得到跟你所接触者的赞同，你想得到他人对你的价值认可，你想在自己的小世界里得到一种自重感。你不想听什么廉价而虚假的阿谀。你渴求真诚的赞赏。你希望你的朋友和同事，正如查尔斯·施瓦布所说的**“诚于嘉许，宽于称道”**。我们所有人都需要这些。

所以就让我们遵守这条金科玉律，并做到“己所欲，施于人”。如何去做？在何时做？在何地做？答案是：“所有时间，任何地点。”

威斯康星州欧克莱尔宾馆的大卫·G. 斯密斯，给我们一个班的学员讲过他是如何应付一种微妙情形的。他当时被指派负责一场慈善音乐会的点心亭。“举办音乐会的那个晚上，我一来到公园，便发现两位年迈的女士站在点心亭旁边，情绪很不对劲儿。很显然，她俩都认为自己才是这项计划的负责人。正当我站在那儿思考对策时，一名组委会成员出现了，一边交给我一只募捐箱，一边说感谢我接替了这项计划。她把我的两名助手罗斯和简介绍完后就匆匆离去了。

“紧接着就是一阵无言的沉默。意识到那个募捐箱（在某种意义上说）就是一个权威的标志，我把它交给了罗斯，并解释说我可能对财务搞不明白，如果由她打理我可能心情更舒畅些。然后我向简建议，让她给派来点心亭的两个少年示范示范，教他们如何操作汽水机，并让她负责那部分工作。

“那天晚上十分愉快，罗斯高兴地点着钞票，简监督着那两个少年，而我却欣赏着音乐。”

你不必等待，非得要当上了驻法国大使或者克兰贝克共济会主席才采用欣赏他人的原则。你差不多每天都能让它产生奇迹。

比如说，假如我们点的是炸薯条，而女服务员端上来的却是土豆泥，那我们不妨说：“不好意思打扰你，可我更喜欢炸薯条。”她可能会回答道：“不，没关系的。”接着会高兴地给我们换来土豆泥，因为我们已经对她表现出了尊重。

像“不好意思打扰你”“能否请你……？”“麻烦你……？”“你介意……？”“谢谢”等只言片语，可以让单调的日常生活这个齿轮得到润滑。不经意间，这些话语还是良好修养的标志。

让我们再来看个例子。霍尔·凯恩：数以百万计的人读过他的小说，其中《基督徒》《主教之子》《孟克斯人》在20世纪初都是畅销书。他出身铁匠之家。他一生所受教育不到8年。可当他离开这个世界时，却是当时最富有的文化人。

故事的经过是这样的：霍尔·凯恩酷爱十四行诗和民谣，所以就把但丁·加布里尔·罗塞蒂的诗读了个遍，他甚至还写了一篇演讲稿，歌颂罗塞蒂的艺术成就，同时还送了一份给罗塞蒂。罗塞蒂十分高兴。他也许还自言自语过：“一个对我才能有这样高超见解的年轻人，一定聪明绝伦。”于是罗塞蒂邀请这位铁匠之子去伦敦做他的私人秘书。这就成了霍尔·凯恩一生的转折点。在这个新的职位上，他见到了当时的文学艺术家。得益于他们的指导和鼓励，霍尔·凯恩开始了自己的写作生涯，最后让自己的名字响彻时空之间。

凯恩的家——曼岛上的格利巴堡——现已成为世界各地旅游者的圣地。他留下了价值数百万美元的财产。可有谁知道，要是他当初没有写那篇赞赏名人的演讲稿，他兴许就在默默无闻、贫困交加中离开这个世界。

这就是发自肺腑的真诚赞赏他人的力量，一种强大的力量。

罗塞蒂认为他自己很重要，不过那并不稀奇。几乎每个人都认为自己重要，而且非常重要。

许多人的一生都可能改变，只要有人愿意给他们自重感。罗纳德·J. 罗兰是我们在加利福尼亚开办的培训班的教师之一，他也是一名艺术及工艺教师。他给我们写了一封信，信中谈到他初级工艺班的一位名叫克利斯的学员：

克利斯是个害羞、缺乏自信心的男生，就像那种得不到应有关注的学生一样。我也教一门高级课程，该课程渐渐成为学员们的一种身份象征和特权。某个星期三，克利斯正在自己的书桌前用功学习。我真的觉得他内心深处潜藏着一团火。我问他是否愿意来上高级课程。我真希望自己能描述出克利斯当时的眼神，一位14岁的害羞男生力图忍住泪水的那种情感。

“谁——我，罗兰先生？我够格吗？”

“是的，克利斯。你非常够格。”

我不得不就此打住，因为我两眼的泪水直打着转儿。当克利斯那天走出教室时，他看上去高了两英寸。他用那双明亮的蓝眼睛望着我，然后坚定地说道：“谢谢您，罗兰先生。”

克利斯给我上了一堂永远让人无法忘怀的课——我们的内心渴望自重感。为了让我牢记这一规则，我做了一块牌子，上面写着**“你是重要的”**。这块牌子就挂在教室前方，供众人观瞻，也对我起到提示作用，那就是我面对的每一位学生都同等重要。

赤裸裸的真相就是，你遇到的所有人差不多都觉得自己在某一方面比你优秀。深入他们内心的稳妥方法就是，巧妙地让他们觉得你认同他们的重要性，而且是真心认同。

别忘记爱默生所言：“凡我所遇之人，都有比我高明之处，就此而言，我向他学习。”

不过，让人不免生悲的是，有些毫无成就的人却常常摆出一副喧闹、自负的样子，并以此支撑自尊心，这着实让人反感。正如莎士比亚说过的那样：“高傲地借着一点点的才干，便在上帝面前玩弄把戏，使天使为此落泪。”

我想告诉你，我培训班里的商界学员是如何运用这些原理，且取得了非凡的效果。我们不妨以康涅狄格州一位律师为例（由于其亲属的缘故，他不愿意公开自己的名字）。

刚参加培训班没多久，这位 R 先生便驾车陪着夫人去长岛拜访她的亲戚。夫人让他陪一位老姑妈闲谈，自己却匆匆前去拜访那些更年轻的亲戚。他不久后需要做一个有关赞赏原则的演讲，因此认为跟这位老夫人交谈能获取一些有益的经历。于是，他朝屋子四周看了看，想找到一点他可以真心赞赏的东西。

他询问道："这栋房子是 1890 年建造的，是吗？"

"是的，"老姑妈回答道，"正是那年建造的。"

他又说道："这不由使我回想起我出生时的那栋房子。太漂亮啦。建造得很出色。宽敞无比。现在人们不再建造这样的房子啦。"

"是的，"老夫人同意他的看法，"现在的年轻人不在乎漂亮的房子。他们需要的不过是一所小公寓，再就是开着车闲逛。"

老姑妈满怀深情地回忆道："这是一栋理想的房子。这屋子是用爱建造而成的。我和丈夫梦想了很多年才建造起来的。我们没有聘请建筑师。完全是由我俩自己设计的。"

她领着 R 先生参观了整个房子。对于她一生在旅行中所收集并珍藏的漂亮珍品——各种佩兹利纹呢披肩、一套古式英国茶具、韦奇伍德陶瓷、法国式床椅、意大利油画，以及曾挂在法国城堡的几件丝帷，他都予以衷心的赞美。

老姑妈带着 R 先生参观过房子后，又带他去车库。在那儿，千斤顶上撑着一辆崭新的派凯特。

她轻轻地说道："这部车子是我丈夫去世前不久买给我的。自从他去世后，我就再也没有坐过……你喜欢美丽的东西。我就把这部车子送给你吧！"

一听这话，R 先生说道："哦，姑妈，您让我受宠若惊。我当然感激您的好意，可是我恐怕不能接受。我又不是您的亲戚，况且我已经有了一辆新车。您还有很多更亲近的亲戚，相信他们会喜欢这部车子的。"

"亲戚！"老姑妈抬高嗓门儿说道，"是的，我是有很多亲戚，他们都在等着我离开这个世界，然后就可以得到这部车子。可是他们休想得到。"

R 先生告诉她："姑妈，如果您不愿意把这车送给他们，您可以把它卖给一个二手车商。"

"把它卖了？"老姑妈叫了起来，"你认为我会卖掉这部车子？你想我会忍心看着陌生人驾着这部车子行驶在街上？这是我丈夫特地买给我的，我做梦也不会想把它卖掉。我愿意把它给你，因为你懂得欣赏美丽的东西！"

R先生想不接受这辆车，可是他难保不伤害老夫人的感情。

这位老夫人独自一人住在这宽敞的房子里，陪伴她的只有她那些佩兹利纹呢披肩、法国古董以及种种回忆。她渴望得到一丝认同。她曾经青春年少，美丽动人，为男士们所心仪。她建造了这栋爱意融融的房子，还从欧洲各地搜集很多珍品来陈设。现在，这位年迈、孤独的老人渴望获得一点人间的温暖，一点真心的赞美，可惜却没有一个人给她。于是当她找到的时候，就像沙漠中涌出的一眼泉水，她心底的感谢无以言表，唯有她珍爱的派凯特能略表心意。

让我们再看一个例子：纽约的莱宜有一个路易斯·瓦伦汀公司，麾下有不少花圃工及风景设计师，身为其主管的唐纳德·M.麦克马亨讲过如下一件事情：

“听过‘如何交友和影响他人’演讲后不久，我打算为一位知名法官设计宅子园景。该主人过来交代一些有关栽种杜鹃花的品种和地方的事情。

“我说：‘法官，您有个不错的业余爱好。我一直都在观赏您那几条可爱的狗。我知道在麦迪逊广场公园的赛狗会上，您每年都赢得不少蓝带奖。’

“这点儿称赞所产生的效果是惊人的。

“‘是的，’那位法官回答道，‘跟狗在一起确实给我带来

了很多乐趣。你要不要参观我的狗舍?’

“他用了差不多一个小时带我看他的狗和他得到的奖品。他甚至出示了那些狗的血统谱系，还给我解释了能让狗俊俏、聪慧的那些血统。

“最后他转身问我:‘你有小孩儿吗?’

“‘有的,’我告诉他，‘我有一个儿子。’

“‘他喜欢小狗吗?’法官询问道。

“‘嗯，当然喜欢啦，他会喜欢的。”

“‘那好，我就送他一只。’法官说。

“他开始告诉我如何喂养小狗。接着他停了停。‘我这样告诉你，你很快就忘了。那我给你写下来。’法官于是走进屋里，把那种小狗的血统系谱和喂养方法打印出来，然后把一只价值数百美元的小狗给了我，同时占去他 1 小时 15 分钟的宝贵时间，就因为我对他的爱好和成就表示真挚的赞赏。”

柯达公司的乔治·伊斯曼发明了透明胶片，从而使得活动电影成为可能。他也因此获得了上亿美元的财富，最终成为世界上最为著名的商人之一。虽然有这些辉煌的成就，可是他仍然跟你我一样渴求得到他人的认同。

比如说，当伊斯曼在罗切斯特建造伊斯曼音乐学校和基尔本大厅的时候，纽约高级座椅公司董事长詹姆斯·阿达逊很想为这两栋建筑提供剧场用座椅。阿达逊先生给建筑师打了个电话，约定去罗切斯特面见伊斯曼。

当阿达逊到了那里，那位建筑师却说：“我知道你很想得到座椅的订单，不过我得告诉你，伊斯曼做事极其严谨，如果你占用了他5分钟以上的时间，你就别打算再做这笔生意。他非常忙。所以请你快速说明来意，之后立刻出来。”

阿达逊打算就那样做。

他被引进屋子，发现伊斯曼正埋头处理桌上的一堆文件。不一会儿，伊斯曼抬起头、摘下眼镜，走到建筑师和阿达逊面前，说道：“早上好，二位先生。请问有什么需要我效劳的吗？”

建筑师介绍了他俩认识。阿达逊先生说道：“就在我们等候接见之时，伊斯曼先生，我一直在欣赏您的办公室。如果我能在这样一间办公室工作，我会什么都不在乎。我从事的是室内木工制造业。我这一生还从未见过比这更漂亮的办公室。”

伊斯曼回答说：“你这么一说，我倒是想起了自己差点忘了的事。这办公室很漂亮，是吗？刚修好时，我确实非常喜欢。可是现在我忙得不可开交，有时接连几个星期都不会注意它。”

阿达逊走了过去，用手摸摸办公室的嵌板，说道：“这是英国橡木，对吗？它和意大利橡木的质地稍有不同。”

伊斯曼回答道："没错，是英国进口的橡木，是一位专门研究华贵木材的朋友替我特别挑选的。"

接着，伊斯曼一边带着来客参观办公室，一边评价装修的大小尺寸、色彩、手工雕花以及其他由他设计监督的地方。

他俩在办公室一边走动，一边欣赏雕工，此时他们在一扇窗前停了下来。伊斯曼谦逊、和蔼地指出他正打算通过一些公共机构为人类尽一份力，这些机构包括罗切斯特大学、大众医院、顺势疗法医院、友爱之家、儿童医院。对于他以个人财富解除人类病痛的理想方式，阿达逊表示了真诚的赞赏。随即伊斯曼打开一个玻璃橱窗，取出他曾拥有的第一部相机。那可是他从一个英国人那儿买下的发明专利。

阿达逊详细问起他当初开始经商时的种种奋斗经过。伊斯曼先生真切地讲述他幼年时的贫苦景象——他的寡母开了一家出租公寓，他自己则在一家保险公司做小职员，贫穷的噩梦昼夜折磨着他，于是他决定挣够钱，以便让自己的母亲不再工作。阿达逊又问了些别的话题，始终入神地聆听着伊斯曼的讲述。伊斯曼谈到自己用摄影干板做实验的一段往事。他谈到了自己如何整天在办公室工作，有时候还通宵工作，只是在等待化学药品发生作用之际打盹儿，有时候接连三天三夜和衣工作、就寝。

詹姆斯·阿达逊是上午 10 点 15 分被引进伊斯曼办公室

的，而那位建筑师曾劝告他最多只能待5分钟。可是1小时过去了，2小时过去了，他们仍在谈着。最后，伊斯曼转身对阿达逊说道："我最后一次去日本时，买了几把椅子回来，放在阳台上。可是阳光把椅子的漆晒脱了，所以我前几天去城里买了些油漆回来，自己漆了一下。你要不要看看我自己把椅子漆成什么样啦？对了，走，去我家跟我一起吃午饭。我好好让你看看。"

午饭后，伊斯曼把他从日本买回来的椅子拿来让阿达逊瞧。那些椅子加在一起也值不了几个钱，可身价百万的伊斯曼却十分自豪，因为那是他自己漆的。

这笔座椅订单的总额达9万美元。你猜是谁得到了这个订单？是阿达逊还是他的竞争者呢？

从这个故事发生时起，直到伊斯曼先生去世，他和詹姆斯·阿达逊一直保持着密友情谊。

法国路恩德的一位饭店老板克劳德·马雷就因为采纳了这一原则，从而避免了损失一位重要的雇员。那位女雇员在他手下干了5年，也是马雷先生和他21位员工的主要纽带。他非常惊讶地收到她寄来的一封辞职信。

马雷先生说道："我很惊讶，甚至有些失望，因为我的印象是我待她不薄，对于她的各类要求也是接受的。尽管她既是雇员又是朋友，我还是过于理所当然了些，甚至对她比对别的雇员要求更高一些。

“在没有任何解释的情况下，我当然不能接受这一辞呈。我把她带到一边，说道：‘波利特，你得明白我是不会接受你的辞呈的。对我、对这个公司来说，你都是不可或缺的。这家饭店的成功与否，你跟我一样重要。’我当着所有的雇员强调了这一点。我邀请她去我家，并在我的家人面前重申了我对她的信任。

“波利特收回了她的辞呈，现在，我对她的依赖程度比之前更甚，对她所做的一切表示欣赏并且时常强调她对我和饭店的重要性。”

“跟人们谈论他们自己。”大英帝国最精明的统治者之一迪斯雷利说过，“跟人们谈论他们自己，那么他们会听上几个小时。”

原则 6

让他人自觉重要，且必须做得真诚。

小结

总而言之，让人喜欢你的 6 种方法为：

原则 1

真诚地关注他人。

原则 2

微笑。

原则 3

记住，一个人的名字是任何语言中最甜美、最重要的声音。

原则 4

做一位优秀的听众，鼓励他人多谈谈他们自己。

原则 5

为他人的利益说话。

原则 6

让他人自觉重要，且必须做得真诚。

第三章　争取他人同意你的看法

争辩不能让人获胜

第一次世界大战后不久的一个晚上，我在伦敦得到一个极为宝贵的教训。当时的我是罗斯·史密斯爵士的经理。在大战期间，罗斯爵士一直是澳大利亚在巴勒斯坦的王牌飞行员。宣布和平后不久，罗斯爵士 30 天内飞越半个地球的事件让世人为之震惊。以前从未有人做过如此尝试。这个事件让人们兴奋不已。澳大利亚政府给他颁发了 5 万美元的奖金，英国国王也授予他爵位。一段时间以来，罗斯爵士成了米字旗下最受人关注的人物。一天晚上，我参加了为罗斯爵士举办的宴会。坐在我旁边的一位来宾讲了一个十分幽默的故事，还引用了一句话:“无论我们怎样辛苦图谋，我们的结果却早已有一种冥冥中的力量把它设置好了。”

讲故事的那位来宾说，那句话出自《圣经》。其实他错了。我知道那句话的来历，我百分之百地肯定。我仅为了满足自己的自重感，以显出自己的高明，因而毫无顾忌且令人反感地纠正了他的错误。对方坚持自己的见解。什么？那句话出自莎士比亚？不可能！绝对不可能！他知道的，那句话出自《圣经》！

这位讲故事的人就坐在我的右边。我的老朋友法兰克·格蒙德坐在我的左边。格蒙德先生多年来一直研究莎士比亚的作品，所以那讲故事的人和我都同意把这问题交给格蒙德先生去裁决。格蒙德先生静静听着，还用脚在桌下踢了我一下，然后说道：“戴尔，那是你错了。这位先生是对的。那句话就是出自《圣经》。”

那晚在回家的路上，我对格蒙德先生说道：“法兰克，你明知道那句话是出自莎士比亚的作品。”

格蒙德先生回答道：“是的，一点也不错。《哈姆雷特》的第五幕，第二场。可是我们俩是一场喜庆宴会的客人，尊敬的戴尔，为什么一定要证明人家是错误的呢？你这样做会让人家喜欢你吗？你为什么不给他留一点面子呢？他并没有征求你的意见，也不需要你的意见。你何必去跟他争辩呢？永远要避免正面的冲突。”说这些话的人给了我一个终生难忘的教训。我不仅让讲故事的人不舒服，而且把朋友置于尴尬境地。我要是不那么争强好胜，那该多好哇！

对于我这个积习难改的爱争辩之人，那个教训来得太及时了。在年幼时，我就跟我哥哥为天底下的所有事情争辩过。进大学后，我学的是逻辑学和辩论术，还参加过各项辩论赛。说到密苏里，我就出生在那儿。这个得有人提醒我。我后来在纽约教授过辩论课程。我还曾计划写一部辩论方面的书，现在说来怪不好意思的。从那时起，我一直静听、参与并观察过数千场辩论产生的效果。由此，我得出一个结论，天底下只有一种方法能得益于辩论，那就是避免辩论。

避免争论，就像避开响尾蛇和地震一样。

一场辩论赛下来，辩手们十有八九都会比任何时候更坚信自己是绝对正确的。

争辩不能让你获胜。你不能获胜，因为如果你是真的输了，那你就输了。如果你赢了，那你还是输了。为什么？假定你辩论过了对手，把他的论点批驳得体无完肤，还证明他是神经错乱的人。那又怎么样呢？你自然感觉良好。可是对方如何呢？你使他感觉到自卑。你伤了他的尊严。他对你的获胜心怀不满。更何况……

人若违心屈服，口服但心不服。

数年前，帕特里克·J. 奥哈尔上过我的培训班。他虽然没有受过多少教育，可非常喜欢争辩！他之前做过专职司机，后来尝试推销卡车，结果收效甚微，于是求助于我。我粗略地问了他一些问题便发现，他老是同自己的生意伙伴争吵、顶撞。如果一位客户稍一挑剔他经销的车辆，他就火冒三丈，甚至想掐住对方的喉咙。在那些日子里，帕特真是赢了不少争辩。他后来跟我说道："我常常一边走出办公室，一边自言自语：'我给那人澄清了一些事实。我相信我给他澄清了，可我却没能把东西卖给他。'"

对于帕特里克·J. 奥哈尔，我首要的问题不是教他学会说话，我首要的任务是让他忍住不讲话，以免跟人争论。

奥哈尔先生后来成了纽约怀特汽车公司的一位明星推销员。他是如何做到的？以下是他的原话："假如我现在走进买家的办公室，而对方却说：'什么？怀特卡车？他们那种车不行！就算是送给我，我也不会要的。我打算买胡西特卡车。'我听后说道：'胡西特卡车是不错的。如果你买那车，相信你不会有错。胡西特卡车是好公司的产品，推销员也很不错。'

"这样一来，对方就无言以对了。要争论也就没了余地。如果他说胡西特卡车是最好的，而我说这没错，对方就只得住口了。只要我同意他的观点，他总不会整个下午都不停地说胡西特卡车如何好吧。我俩接着就会搁下胡西特这个话题，于是我就有了向他介绍怀特卡车的优点的机会。

“以前，对方说的第一句话就让我非常恼火。我会反驳胡西特卡车的优点。我越反驳，对方就越维护它。他越辩称它如何好，就越中意我对手的车。

“现在回想起来，我还指望能推销什么东西呀。我耗费掉多年的时光去做无谓的争辩。我现在闭紧自己的嘴。这让我获益多多。”

诚如睿智的本·富兰克林老人常说的那样：“如果你辩论、愤怒、反驳，你可能偶尔会获得胜利，不过那只是一个空虚的胜利，因为你永远得不到对方的好感。”

你不妨自己去琢磨琢磨。你是想得到学术、理论胜利呢，还是人们给予你的好感？这两样东西很少能同时获得。

《波士顿手抄本》曾刊登过这样一首有趣的打油诗：

> 威廉·杰伊躺这里，
> 生前称此是他的。
> 当时确实从此过，
> 这样一去他的错。

随着辩论的进行，你或许是对的，而且非常对。可就改变一个人的想法而言，你可能是徒劳的，也是错的。

所得税顾问弗雷德里克·S. 帕森斯同一名政府税收稽查

员争论、纠缠了一个小时。一笔 9000 美元的账目眼看就要被收缴税款了。帕森斯先生声称这 9000 美元事实上是一笔呆账，所以收不回来，因而不应征税。那稽查员反驳道："呆账？骗谁呀！必须征税。"

帕森斯先生对培训班学员说道："这名稽查员冷漠、傲慢、固执，跟他讲理也是白费口舌，然而事实……跟他争辩越久，他就越固执。于是我决定避开争论、转换话题、赞赏他几句。

"我说道：'跟你需要做出那些真正重要而且棘手的问题相比，这一问题其实是小事一桩。我本人研究过税收。不过我只能从书上得来知识。而你所得到的知识直接来自实际经验。我真希望能有份像你这样的工作。那将会使我获益匪浅。'我所讲的句句都是实话。

"那好吧。"坐在座椅上的那位稽查员挺了挺腰，随后往后一仰，接着就他的工作谈了很长一段时间，讲到了他所揭露的许多巧妙的舞弊案件。他的语气渐渐友善起来，不一会儿还跟我说到他的几个孩子。临走时，他对我说，回去后会进一步考虑我的问题，几天内给我答复。

"3 天后，他来到我的办公室，告诉我他决定按照上报的税额办理，不再额外征收。"

这位稽查员显露出了人性中最常见的弱点之一。他需要得到一种自重感。只要帕森斯先生跟他争辩，他就通过强调自己的权威来获得自重感。一旦有人承认了他的重要性，不再争论，他的自我得到了伸展，他就变成一个和善而富同情心的人。

佛祖曾说过："憎恨无以止憎恨，博爱可以达目的。"所以消除误会不能用争论，而需要用圆滑的外交手腕、调和的姿态和从对方角度看问题的态度来解决。

林肯曾批评一位与同事发生争执的年轻军官。"一个要成大事的人，"林肯说道，"没有时间去搞什么个人争执，更没时间去承担其种种后果，这包括大发雷霆、失去自控。在各个方面不妨谦让于人。与狗争道而挨其咬一口，不如让道于它。就算是打死咬过你的狗，也不能治好你的伤口。"

一篇名曰《点点滴滴》的文章提供一些如何避免分歧演变为争论的建议：

> **欢迎不同的意见。**请记住这句口号，"当两位合作者总是意见一致时，其中一个人的意见就没有必要了。"如果有哪点你没有想到，但有人提醒你注意，那应该感谢才是。这一分歧也许是在犯大错之前的改正机会。
>
> **不可相信你的第一本能印象。**我们处于令人不愉快境地的第一自然反应就是自卫。请务必慎重。保

持冷静，严防自己的第一反应。这可能使你处于最糟糕状态，而非最佳状态。

控制自己的脾气。记住要把握对方动怒的程度。

聆听为上。给对手讲话的机会。听他说完。不得抵制、抵抗或者辩驳。否则只会制造障碍。努力搭建理解的桥梁。不要筑起更高的理解障碍。

寻找共同点。在听完对手的意见后，先要思考你俩有多少共同的地方。

诚实为上。寻找你自己可以承认有错的地方，并说出来。为自己的错道一声歉。这有助于解除对手的戒备心理，从而降低抵抗情绪。

承诺认真思考对手的意见并仔细研究。要说到做到。你的对手可能是对的。此时同意考虑他们的观点是上策，草率地一意孤行、到头来陷入困境时，你的对手就会说："我们试图告诉你，可你就是不听。"

真诚地感谢对手所表露的兴趣。愿意花时间来反对你的人，他们对你所在意的事情一样在意。把他们视为真想帮助你的人，那么你或许可以把他们转变成朋友。

不要急于行动，给予双方充足的思考问题的时间。建议当天晚些时候或者第二天开个会，这样可方便摆出事实。在为开会做准备时，要问问自己一些难以回答的问题：

我的对手们可能是正确的吗？部分正确？他们的立场或争辩是事实或者有什么可取之处吗？我的反应会减轻这一问题，还是只是某种挫折吗？我的反应会使对手离我更远，还是更近呢？我的反应会被人高看吗？我会赢还是输呢？我若赢了，那我付出的代价有多大呢？我若保持沉默，分歧会消除吗？这一艰难处境对我来说会是一次机会吗？

男高音歌唱家杰安·皮尔斯在结婚差不多50年后曾说过：“我夫人和我在很久以前就订下协议，无论我俩对对方多么的生气，我们都忍着。当一方吼叫的时候，另一方聆听着，因为如果两人都吼叫，那就只有噪声和激愤，而没有交流了。”

原则 1

争辩中最能得益的唯一方法就是避免争论。

树敌以及避免树敌的方法

西奥多·罗斯福入主白宫后曾说，如果他能在75%的时候是正确的，那他就能达到自己的最大期望值。

如果这就是20世纪最杰出者之一所想达到的最大期望值，那你我又该如何呢？

如果你能确信自己在55%的时候是正确的，那你就可以走在华尔街上，每天赚回百万美元。如果你不能确信自己在55%的时候是正确的，你凭什么去评判他人是错误的呢？

像语言一样，你的一个眼神、一种声调，或者一个手势都能向对方清楚表明他们是错的。如果你告诉对方错了，你能让对方同意你的观点吗？不，永远不能！因为你对对方的智力、判断、自豪、自尊等都给予了直接打击，而对方还打算向你反击呢，但这绝不可能让他们改变自己的观点。你可以运用柏拉图、康德的所有逻辑来攻击对方，但却不能改变他们的看法，因为你已经伤了他们的自尊。

千万别说“我会拿什么什么证明给你看”之类的话。你这话等于是说：“我比你聪明，我要给你指点一二，好让你改变自己的主意。”

那是一种挑战，将会引起反感，不等你开始，听你说话的那人就已经准备要跟你搏斗了。

即使你用最为善意的措辞，要改变他人的观点也是极不容易的。有鉴于此，那你为什么还要让事情变得更加复杂呢？干吗要使自己处于不利的境地呢？

如果你打算证明什么，就别让人知道才是！要做得十分巧妙，这样才不会让人察觉。就这一点而言，亚历山大·蒲柏表达得再清楚不过了：诲人仿佛若无其事，醒人在其忘记之际。

三百多年前，伽利略曾说："你不可能教会一个人任何东西，却只能协助他自己去发现它。"

诚如切斯特菲尔德爵士对儿子所言："我们可以比他人聪明，却不能这样跟他们讲。"

苏格拉底在雅典曾屡次跟门徒说："我只知道有一件事，那就是我什么都不知道。"

我不指望跟苏格拉底一样聪明，所以我避免告诉他人说他是错的。同时我觉得那确实对我有益。

如果有人说了一句你认为错误的话——而且即使你知道他是错的——这样说话更可取："好吧，你瞧。我有另外一种看法。也许我是错的。我经常把事情弄错。如果我错了，烦请给予指正。我们不妨来看看究竟是怎么一回事。"

诸如此类的说法有神奇无比的效果："我有另外一种看法。也许我是错的。我经常把事情弄错。如果我错了，烦请给予指正。我们不妨来看看究竟是怎么一回事。"

无论何地，绝不会有人反对你这种说法："也许我是错的。我们不妨来看看究竟是怎么一回事。"

我们培训班有名学员，叫哈罗德·莱恩科，是道奇汽车在蒙大拿州比林斯的经销商。他曾采用过这种方法。据他讲，由于汽车行业的种种压力，他在处理顾客的种种投诉时，常常冷酷无情。这又导致了顾客大发脾气，生意做不成，还弄得大家不愉快。

他跟班上的同学们说："当我意识到这样处理对我毫无益处时，我尝试了一种新的策略。我后来总是这样说：'我们经销商犯了这么多错，我真觉得惭愧。就你的情况而言，我们有可能出错了。烦请告诉我。'

"这个方法让对方释然不少。当顾客发完一通脾气后，在解决问题时，他通常会更讲道理一些。事实上，还有几位顾客因为这种善解人意的态度而感谢过我。他们之中还有两个把朋友带来买车。在这高度竞争的市场中，我们更需要这样的顾客。我认为，尊重每个顾客的意见，并巧妙而客气地处理，这将有助于赢得竞争。"

承认自己可能出错，你将永远不会陷入麻烦。这样做既能阻止争论，还能激励对手跟你一样公平、开明、大度。这还能让他也认为自己可能出错。

如果你确信一个人错了，又直言不讳地告诉对方。其结果会怎样呢？请让我举例说明：S 先生是纽约的一位年轻律师，曾在美国最高法院辩护一件重案（拉斯加藤—舰队公司

280U.S.320）。这一案件牵涉一笔巨款以及一项重要的法律问题。在辩护过程中，最高法院的一位法官向S先生说道："《海事法》的追诉期限是6年，是不是？"

S先生停了下来，看了看法官，接着立马说道："法官大人，《海事法》中没有追诉期限这样的条文。"

"庭内顿时一片寂静，"S先生给培训班叙述着当时的情形，"当时房间的气温似乎刹那间降到了0℃。我是对的，那位法官错了。我直接告诉了他。可是这让他对我友善了吗？不，没有。我至今还认为法律站在我这边。我还知道那次辩护比以前更出色。但是我并没有说服那位法官。我犯了一个直接说一位极有学问的名人有错的大错。"

人都是没有逻辑性的。我们大多数人都各持偏见或者成见。我们都有嫉妒、猜疑、恐惧和傲慢等毛病。很多人不愿意改变自己对宗教、发型、喜爱的明星的看法。所以，假如你意欲告诉他人有错时那就请你每天早上就餐前读一读下面这段文字。本段摘自詹姆斯·鲁滨孙所著的一本极有启发的书：《观点的形成》。

有时，我们发现自己的主意在毫无抵抗和激烈的情绪中改变了。可是，如果有人说我们出错了，我们便会迁怒于对方并硬起心肠。对于各种信念的养成，我们都忽略得令人难以置信，当有人意欲将它们从我们手中强行夺走时，我们却发现自己对这些信仰充满极不理性的激情。这显然不是我们偏爱这些意念，而是我们的自尊受到了威胁……这个不起眼的“我的”二字在人际关系中可谓重要至极。如能恰当地运用这两个字，便是智慧的开端。无论是“我的”正餐、“我的”狗、“我的”屋子、“我的”父亲、“我的”祖国，还是“我的”上帝，这个字眼都具有同样的力量。我们不只反感他人说我们的表不准，或是我们的汽车破旧，也反感他人说我们对火星运河的看法、“爱比克泰德”的发音、水杨苷的医药价值、萨尔贡一世的生卒年月有待修正。我们总是乐意继续相信我们一直认为正确的事。如果有人对我们认定的事物表示怀疑，就会激起我们强烈的反感，从而导致我们用各种方法来辩护。其结果就是，我们那多数的所谓推论就在于为继续相信自己认同的事物而争辩。

著名心理学家卡尔·罗杰斯在其《论为人》一书中写道：

当我能够让自己努力去理解他人时，我发现这一做法极具价值。我这样说话，你或许觉得有些奇怪。有必要让自己努力去理解他人吗？我认为有必要。我们对多数说法（我们听到的他人之言）的第一反应就是评估或者判断，而不是理解。当有人表达某种情感、态度或者信仰时，我们几乎立刻倾向于认为“那是对的”“那是蠢话”“那不正常”“那不合理”“那是不对的”“那个不妙”。我们很少让自己努力去准确理解那话对说话人的意义。

我曾请过一位室内装修师替我的屋子配置窗帘。等到账单送来时，我大为震惊。

又过了几天，一位顺道来访的朋友看了看窗帘。一提到价钱，她十分得意地大声说道：“什么？那太不像话了。我恐怕他把你给宰啦。”

真有这回事？没错，她说的全是真话，可是很少有人愿意听这类反映自己失策的大实话。所以，作为凡人，我竭力替自己辩护。我还指出，最好的东西说到底是不便宜的，你我总不能以地摊货的价格去获取质量和艺术的品位，如此等等。

第二天，另外一位朋友来到我家，她对窗帘非常赞赏，还满怀热情地说，希望自己能买得起那样的窗帘。我的反应跟昨天完全不一样。我回答道：“说实在的，我也买不起这窗帘。我可掏了大价钱。我现在有点后悔订了这东西。”

当我们犯错了以后，我们私下可能会承认。如果处置得温和、巧妙，我们也可能会当着他人的面承认，甚至为我们自己的坦诚和大度感到自豪。可如果有人硬让我们接受不愉快的事实，我们无论如何也不会接受。

霍雷斯·格雷利是美国内战期间最为著名的编辑。他跟林肯的政见极其不合。他以为自己通过一场争辩、嘲笑、谩骂等舌战可以迫使林肯接受他的观点。他月复一月、年复一年地向林肯发起舌战。事实上，就在布斯枪杀林肯的那天晚上，他还针对林肯个人写了一篇粗鲁、刻薄、嘲弄、人身攻击的文章。

这些苛刻的攻击让林肯屈服了吗？不，一点也没有。嘲笑、谩骂从来就不起作用。如果你想得到与人相处、管好自己，且改善自己品格等方面的建议，你不妨读一读本杰明·富兰克林的《自传》。这是一部迄今为止最吸引人的传记之一，也是美国文学经典著作之一。在自传中，本杰明·富兰克林谈到了他如何克服自己好辩的积习，并成为美国历史上最能干、最和善、最长于外交的人物之一。

在本杰明·富兰克林还是个冒失年轻人的时候。一天，一位教友会的老教友把他叫到一边，用极其刺耳的话语把他猛训了一顿。经过大概是这样的：

“本，你简直不可理喻了。对你的反对者来说，你所持的种种意见无异于是给他们当面一记耳光。你那些意见太伤人，现在没有任何人会理睬你了。你的朋友都觉得你不在场时，他们会玩得更快乐。你知道得太多了，这样一来不会再有人愿意给你讲任何事情。事实是，没人愿意给你讲什么，因为这样做只会是找不自在、白辛苦。因此，你现在除了极有限度的知识外，也不会再知道更多了。”

据我所知，本杰明·富兰克林最可贵之处，就在于他接受了那尖刻的教训。富兰克林当时年纪不小，足以领悟其中的真理。他知道自己会走向失败或者给社会带来灾难。于是他来了一个 180 度的大转弯，一改此前的种种傲慢、自负行为。

“我订下一个原则，”富兰克林说道，“我克制直接对抗他人的情绪以及发表我自己的武断之见。我禁止自己使用任何带有成见意味的字眼，比如‘当然’‘毫无疑问’等，相反，我采用‘我揣测这件事……’‘我恐怕这件事’‘我想这件事’‘依我目前看来，这事……’等语句。当他人坚持我认为是错误的事情时，我放弃当场一驳对方之快，或者立即指出对方命题荒谬的念头。开始回答问题时，我会说在某些情形或者环境中，他的意见是对的，但在目前的情况下，在我看来则可能有些不一样之类的话。我很快就感觉到我改变的态度所带来的益处。我参与任何一次交谈都进行得很愉快。我以谦逊的方式提出的见解，他们更容易接受，反对者就很少。当他人指出我的错误时，我也不那么懊恼。在我碰巧正确的时候，我更容易说服他们放弃自己的错误，接受我的观点。

“刚开始尝试这种做法时，我极力抵制自己的本能趋向，后来就觉得十分容易，也自然习惯了。在过去50年中，没有人再听到我说出一句武断的话来。我这种正直性格的形成主要归因于以下两点：其一，我所提出设立的一项又一项的新机构，或者对旧体制的一些修正，为我在国人中获得了很高的威望；其二，在我担职的公众委员会中获得的影响。虽然我不善于演讲，说话不流畅，得体语言不多，也没有感染力，然而我通常都能让听众赞同我的观点。”

本杰明·富兰克林的方法在商业上又能产生什么样的作用呢？我们仅举两个例子。

北卡罗来纳州金斯山的凯瑟琳·A.阿尔弗雷德，是一家纱线加工厂的产业工程主管。她给班上学员们讲到了自己培训前曾处理过的一个敏感问题：

“我的部分职责是，”她说道，“构建并维护奖励机制，以确保操作者多生产纱线多挣钱。当我们只有两三种纱线时，我们采用的这一机制运作十分顺畅。可最近，我们增加了库存、提高了生产能力，因此能够经营多达12个不同品种。那么现存的机制就不足以让操作者公平得到自己的劳动所得，继而鼓励他们增加产量。我已经制订了一套新的机制，以确保每个女工在任何特定时候按照纱线等级来领取报酬。我拿着这一新的机制走进会议室，决定向管理层证明我的机制是正确的。我向他们详细说明他们错在何处、指出他们处理欠妥的地方以及我提供的解决方案。毫不夸张地说，我是惨败了！我一直忙于维护自己所坚持的新机制立场，竟然连让他们大度承认旧机制各种问题的机会都没留下。这事就此陷入僵局。

“参加了几次课后，我意识到我自己错在哪里。我再一次召集会议，这一次，我询问他们问题的所在。我们逐条讨论，然后就最佳方式征求他们的意见。适时采用低调的建议，我让他们自己构思我所设立的机制，到会议结束时，当我真正出示自己所构建的机制时，他们都热情地采纳了。

“我现在确信，如果你直截了当地告诉一个人，说他错了，不仅好事做不成，而且害处一大堆。你这样做，只是剥夺对方的自尊，让自己在讨论中成为极不受欢迎的一分子。”

我们再看另外一例。请记住，我现在引用的是数以千计的人经历过的典型情况：R.V. 克劳利是纽约一家木材厂的推销员。克劳利承认，多年来自己一直坚持指出那些顽固的木材质检员的过失，而且屡争屡胜。可是他却从未得到过任何好处。“因为那些木材质检员，”克劳利先生说，“就像足球裁判一样。一旦他们做出决定，就永不更改。”

克劳利先生意识到，他获胜的争辩，让自己的木材厂渐渐失去了上万美元。后来在听我培训课期间，他决定改变自己的策略，放弃争辩。结果如何呢？如下故事是他对班上同学讲的：

“一天早晨，我办公室的电话铃响了。电话那头是一位怒气冲冲的急性子。他开始对我说，我们发给他们厂的那一车木材完全让人不满意。他的工厂已停止卸货，并且要求我们立即做出安排，把那些货从他们的储木场运走。他们的木料质检员说，在已卸下的四分之一的木材中，木料达标比例在55%以下。在这种情形下，他们拒绝收货。

“我立即前往他的工厂，一路上心里还在不停琢磨处理这件事的最佳方法。遇到类似情形，我通常凭着自己做质检员的经验和常识，引用木料的等级规定，以期说服那位质检员，木材确实合乎标准，是他在检查时误解了规定。不过我认为还是运用从培训班中所学到的原则为妙。

“我一到那家工厂，便发现采购员和质检员两人的神色都十分难看，摆好了架势要跟我争论、打架。我们一起走到正在卸木料的车辆处。我要求他们继续卸货，以便让我看看情况到底怎样。我请那位质检员直接上前来，把次品放在一边

（他一直在这样做），把正品另外堆放。

“我观察了一阵子后，逐渐意识到质检员的检测已几近苛刻，也误解了规定。这批木料是白松木，我知道这位质检员十分精通硬木知识，但在白松木方面还算不上很内行，而白松木刚好是我本人的强项。可是我直接反对那质检员的分级方式了吗？不，绝对没有。我只是继续观察，接着试探地问他那些木材的问题出在哪儿。我一刻也没有暗示他错了。我只是强调这样做，是便于在以后装木材时能够严格按照他们厂家的要求操作。

“我本着友好、合作的精神向他提问，坚持说他们按自己的目的挑出不合格木材是对的，那位质检员慢慢缓和下来，我们之间的紧张气氛渐渐缓解、消失。我不时插进一句经过郑重考虑过的话，使他们觉得那些不合格木材应该是达到他们所购买产品的等级的，他们的要求是针对另外一个更高级些的等级。然而。我说得很小心，不想让他们知道我是故意拿这个来说事。

“渐渐地，他的整个态度改变了！他最后向我承认，说他对白松木没什么经验，还开始向我问起了从车上卸下的每块木材的问题。我总会跟他解释每块木材合乎标准的原因，同时坚持表明我们的态度。如果他们觉得与规定不符，我们也不会强求。他后来的表现竟然到了这一步，说他每放一块到次品堆都觉得惭愧。最后，他明白错误出在他们一方，原因是他们没有标明他们所需的是优质木料。

“最终结果是，这位质检员在我走后把全车木材重新检查了一遍，而且全部接收下来，我们也收到了一张全额支票。

“仅从这一事例来看，一点点儿策略，外加拒绝指出对方有错，就为公司挽回了一大笔损失。就挽回的好处而言，那就不能用金钱来衡量了。”

说到和平运动倡导者马丁·路德·金，有人曾问他怎么会崇拜美国空军将军丹尼尔·“小家伙”·詹姆斯——当时全国最高级别的黑人官员。金博士回答道：“我判断他人，是根据他们的原则，而不是我自己的原则。”

同样，在跟南部联盟总统杰弗逊·戴维斯的谈话中，罗伯特·E.李将军曾热情洋溢地说到自己手下的一位军官。在场的另一位军官大为震惊。“将军，”有位军官说道，“难道您不知道自己如此好评的那个人是您的一个死对头？为了诋毁您，他可是不择时机的呀！”“没错，”李将军回答道，“可是总统问的是我对那个人的看法，而不是那个人对我的看法。”

顺便附一句，我在这一章中并没有揭示什么新道理。两千年前，耶稣曾说过：“赶快赞同你的反对者吧。”

在基督降生前2200年前，古埃及国王阿克图瓦曾给自己的儿子一则精明的忠告，一则至今仍为每个人所需要的忠告：

“务必要有外交手段，”国王建议道，“那将助你有求必应。”

换句话说，别跟你的顾客、配偶，或是对手较劲儿。别指责他们，别激怒他们。不妨用点外交手段。

原则 2

尊重他人的意见，切勿说“你错了”。

勇于承认错误

我出门步行不到一分钟，就是一片原始树林。春天到来之时，林中的黑草莓树丛吐出白花，松鼠在那里筑巢养育自己的孩子，飞蓬草长得跟马头一般高。这块完好如初的林地叫作森林公园。那确实是一片森林，跟哥伦布发现美洲时可能没有多大区别。我经常带着雷克斯去公园里散步。这只波士顿斗牛犬是一只友好、驯良的猎狗。由于很少在公园里看见其他人，所以我没给雷克斯系上皮带或戴上口笼。

有一天，我和雷克斯在公园看到一位骑警——一位迫切要显示自己权威的骑警。

他向我大声说：“你让那只狗不拴皮带、不戴口笼，还在公园里乱跑，你是什么意思？难道你不知道这样做是违法的吗？”

“是的，我知道，”我低声回答道，“不过我认为它不会在这里伤人的。”

“你认为不会！你认为不会！法律可不管你什么认为不认为。你那只狗可能会咬死松鼠，或者咬伤儿童。这次就放了你，如果下次再看到你这只狗没拴皮带或者没戴口笼，就让你去跟法官解释了。”

我温顺地点头以示听从他的忠告。

我真的听从了那警察的劝告，不过只听从了几次。可是雷克斯不喜欢套上口笼，我也不愿意那样做，于是决定碰碰运气。起初一段时间安然无事。可后来，我俩终于碰上麻烦了。一天下午，雷克斯和我跑到一座小山顶上，就在那儿，让我郁闷的是，我看到了那位威严的警察，正骑着栗色马。雷克斯在我前面，径直往警察那儿奔去。

我知道这次坏事了，于是不等那警察开口，我就抢先说道:“警官，你把我抓了个现行。我知道有罪。我没有不在场的证据，也没有任何借口。你上周就警告过我，如果我没给这只狗戴上口笼就来到这公园，你就会罚我的款。”

“嗯，这个，”那位警察柔和地回答道，“我知道在周围没有人的情况下，谁都忍不住要放这么一只小狗出来溜达溜达。”

“确实是忍不住，”我回答道，“可这是违法的。”

“哦，像那样一只小狗是不会伤到人的。”那位警察为我开脱道。

“是不会，但它可能会咬死松鼠。”我答道。

“嗯，这个，我想你把事情看得过于严重了些，”他告诉我，“我告诉你该怎么做。你不妨让它跑到小山那边我看不到的地方。这样一来，事情就算过去了。”

那位警察也是人，希望得到一种自重感，因此，当我开始自责的时候，他唯一能滋养自己自尊的方法就是采取仁慈而宽宏的态度。

假如试图为自己辩解——哦，你跟警察争辩过吗？

我没有跟警察交锋，而是承认他绝对正确，我自己绝对错误。我承认得既快，又很坦诚，同时还很热情。整件事圆满地解决了：我理解了他，他也理解了我。切斯特菲尔德爵士也不会比这位骑警更宽容多少。骑警仅在一周前还警告我，扬言要依法处置我。

如果我们知道反正要挨训斥，抢在对方之前认错不是好得多吗？接受自我批评不是比忍受对方谴责更容易一些吗？

抢在对方训斥自己之前，用对方想说的贬损话来评价自己，99% 的概率是对方会采取一种宽容而大度的态度，那么过失将被最小化，就像那位骑警对待我和雷克斯一样。

费迪南 · E. 华伦是一位商业艺术家，他曾用这种方法获得了一个粗鲁、无礼的艺术品买家的好感。

华伦在回忆这件事时说道：“在替广告商或出版商绘画时，简明而准确是非常重要的。”

“有些美术编辑人员要求立刻完成他们所交付的工作。这种情形下，细微错误在所难免。我认识一位美术编辑主任特别喜欢挑刺儿。我常常带着非常厌恶的心情离开他的办公室，并不是由于他的批评，而是因为他评判人的方法。最近我给他交上去了一件匆忙中完成的作品，他随后电话通知我立刻去他办公室。他说出错了。我到达时，如我所料——甚至如我所怕，他一脸怒容，一副又有机会批评人的幸灾乐祸的样子。他恼怒之极，问我为什么要这样做，为什么要那样做。我运用一直在学的自我批评的机会终于来了。于是我说道：“先生，如果你说的是真的，那错就出在我这里，而且我也绝无任何借口要出这等差错。我替你绘了这么些年的画，应该知道如何画才是。我感到非常惭愧。”

“一听这话，他却开始为我辩护。‘是的，你说得不错。好在这不算什么大错。那只是——’

“我插嘴说道：‘任何小错都可能付出昂贵代价，也让人家看了烦心。’

“他开始插话，可是我没给他机会。我很得意。这是我有生以来第一次批评自己，我很乐意这么做。

“‘我本应该多加小心，’我继续说道，‘你平时照顾了我不少生意，理应得到最满意的东西。这幅画我要重新画一遍。’

“‘不了！不了！’他申明，‘我不想那么麻烦你。’他开始称赞我的工作，还如实说他只要求一处小修改。他说这点小错误没对他的公司造成什么损失，因为这毕竟只是个细节问题，不必太在意。

“我急于自我批评的态度使他怒气全消。他最后还请我吃午饭。当我们分手的时候，他签了一张支票给我，还交给我另外一份工作。”

有勇气承认自己的错误能带来一定程度的满足感。自我批评不仅能清除责任，解除防御，通常还能解决由于过错所导致的问题。

新墨西哥州阿尔布科克的布鲁斯·哈维出了错：他让一位病休的雇员领到了全额工资。当他发现自己的差错后，他让这位雇员意识到问题，并解释说，为了纠正这个错误，他只得在下一次发薪时扣除多发的那一部分。那位雇员请求道，那会给他带来严重的财务问题，问那些钱可否分段还清。哈维解释说，要这样做得征求主管的同意。“我知道，”哈维说道，“这样做会使老板大为光火。就在思考如何更好地处理这件事的时候，我意识到这场麻烦完全是由我引起的，我得向老板承认错误。”

“我走进老板的办公室，告诉他我犯了一个错误，接着陈述整个事实。他火气十足地说这是人事部门的过失。我一再解释这是我的错。他又发脾气，说是财务部门的粗心大意导致的。我又解释说这是我的错。他又指责办公室的另外两位工作人员。但每次我都申明是我的错。最后他看了看我，说道，‘好吧，就算是你的错。现在就把那问题给解决了。’错误得到了纠正，没人陷入麻烦。我感觉自己很了不起，因为我既处理好了一种紧张的局面，也表现出了不找借口的勇气。老板此后对我也多了一份尊重。”

所有愚蠢之人都试图为自己的过错辩护——而这也是多数愚蠢之人的行为——不过承认自己的过失可使其高出众人，并获得一种尊贵而高尚的感觉。比如说，历史对罗伯特·E.李将军最完美事迹之一的记载是，他把皮可特对葛底斯堡冲锋战的失败全部归咎到自己身上。

皮可特的这次冲锋战，无疑是西方世界中最光辉、最奇特的一次进攻。乔治·E.皮可特将军本人非常引人注目。他留着一头长发，赭色的头发几乎触及双肩。就像拿破仑在意大利战役中一样，他在战场上几乎每天都要写激情如火的情书。在那个悲壮的7月的下午，帽子潇洒地斜戴在右耳上方，他骑着战马轻快地冲向联军战线，他那忠诚的部下一边向他喝彩，一边随着他向前挺进，那架势是人挨着人、一支队伍接着一支，军旗和刺刀在阳光下翻飞、闪耀。那是一道勇猛的风景。无所畏惧、气势恢宏。见此，北方联军战士不禁发出阵阵低声的赞叹。

皮可特带领的军队轻松扫荡前行，他们穿过果园、麦田，跨过草地，越过峡谷。整个战斗中，敌人的炮火在他们的队伍中不停撕开硕大的口子，但他们依然坚忍不拔、不可阻挡地向前推进。

突然，埋伏在公墓岭石墙后的联军步兵一涌而出，对着皮可特那冲上前来的军队不停射击。山顶成了一片火海、一个屠场、一座火山。几分钟之内，皮可特所有的旅长除一个外，全部毙命。五千大军中，竟有四千人倒下了。

路易斯·A.阿密斯特将军带着军队做最后的冲锋，他跑在前面，跳过石墙，一边挥动着刺刀上挑起的军帽，一边高声叫说："小伙子们，让他们尝尝刺刀的滋味！"

他们跟着翻过石墙，用刺刀与敌人肉搏、拿枪托砸向敌人的脑袋，最终把南部军队的战旗插在了公墓岭上。战旗在山顶上只飘扬了一会儿。尽管很短暂，却是南方盟军战功的最高纪录。

皮可特的这场冲锋战——光辉而英勇——也是他结局的开始。李将军失败了。他无法战胜北方军队。他自己深知这一点。

南部盟军注定了失败的命运。

李将军无比悲痛且震惊不已，因而向南部邦联总统杰弗逊·戴维斯提出辞呈，恳请他另派“更年轻、更能干的人”。如果李将军想要把皮可特冲锋战的惨败归罪到别人身上，他可以找出几十个借口来。有些师长让他失望。骑兵部队没能及时赶到协助步兵进攻。不是这儿有不是，就是那儿出差错。

可是李将军非常高尚，不屑归咎他人。当皮可特带着浑身鲜血的残军挣扎着回到南部盟军战线时，罗伯特·E. 李将军只身前往。他带着近乎完美的自责迎接他们:“所有这一切都是我的过错,”他自责道，“是我，是我一个人让这场战役失败了。”

历史名将中有这种勇气和品格承认自己错误的实在太少了。

在香港教授我们这门课程的迈克尔·庄给我们谈到，由于中国文化会带来某些特殊问题，有时候必须意识到运用某一原则可能比遵守一项古老的传统更为有益。他班上有一位中年学员，跟自己的儿子已经疏远了多年。这位父亲曾经是个瘾君子，可现在已戒掉毒瘾。按照中国传统，老人是不能第一个认错的。他认为父子之间要和好的话，应该由他的儿子采取主动。在上课初期，他跟班上的学员讲到了自己从未见过的几个孙辈，还有他很想跟自己的儿子团聚。他的同学都是中国人，很理解他的愿望和古老传统之间的冲突。这位父亲认为年轻人应该尊重老年人，自己决不让步于欲望，他等着自己的儿子来找他。

到这门课程接近尾声时，这位父亲又一次对班上的同学说道："我已经把整个问题考虑过了。戴尔·卡耐基说过，'如果你自己错了，就应该立刻而明确地承认。'我现在承认错误是晚了些，但我可以明确承认自己错了。我错怪了我的儿子。他不想看到我，把我逐出他的生活都是对的。我去请求年轻人原谅可能会丢面子，可做错事的是我，那我就有责任承认这一点。"全班同学热烈鼓掌以示完全支持。在第二次上课时，他讲述了自己如何去儿子家并最终得到原谅。他现在和儿子、儿媳及从未见过的孙辈们之间建立了新的关系。

厄尔伯特·哈巴德是一位名震全国的最具原创风格的作家之一。他那辛辣的词句常常引来人们强烈的反感。可是，哈巴德又以他那套罕见的待人技巧屡次将一个个敌人变成了朋友。

例如，一位愤怒的读者写信说他自己不同意某某作品，还说了些对哈巴德不敬的话语。厄尔伯特·哈巴德是这样回答的：

细想起来，连我自己也无法完全赞同。我昨天所写的一切东西，今天也许就不是全都喜欢。我荣幸地知道你对这个问题的看法。你下次到附近来的时候，务必要来我这里探讨一下。我在这儿遥握你的手啦。

哈巴德谨上

如果你接到这样一封信，你还能对写信人说些什么？

如果我们是对的，那我们不妨尝试着巧妙而委婉地赢得他人赞同我们的观点。如果我们是错的——这种情形实在频繁得吓人，如果我们还是坦诚之人——那我们就要赶紧、真诚地承认自己的错误。这种方法不但能产生惊人的效果，而且无论你相信与否，在各种情形下，都会比替自己辩护更为有趣。

请记住那句古老的谚语："用争斗的方法，你永远无法得到满足。可是当你谦让的时候，你可以得到比期望的更多。"

原则 3

如果你错了，迅速而明确地承认。

一滴蜂蜜

你被人激怒了，于是朝他发一通脾气，你固然能一吐心头的不快，可是对方又会如何呢？他会分享你的轻松和快乐吗？你那挑战的口气、仇视的态度，能使对方接受你的观点吗？

“如果你握紧双拳来找我，”伍德鲁·威尔逊总统曾说过，“我想我可以告诉你的是，我的双拳也握得跟你一样紧；但要是你说：‘我俩坐下一起商量，如果我们之间意见不同，我们不妨一起找一找问题的症结。’我们不久就可以发现彼此的意见相距并不很远，有分歧的地方也很少，而共同的地方却很多。要是我们有耐心和诚意朝共同的方向努力，我们就一定能成功。”

对于伍德鲁·威尔逊总统这句话的含义，理解最到位的莫过于小约翰·D. 洛克菲勒。1915 年，洛克菲勒在科罗拉多州遭受到人们的极度轻视。那年美国工业史上最为血腥、长达两年的罢工震惊了全国。那些怒不可遏、好斗的矿工要求科罗拉多州煤铁公司提高工资。而洛克菲勒控制着那家煤铁公司。那时工厂遭到毁坏，军队也被调集过去。流血事件接连发生。罢工者遭到枪击，他们满身都是被子弹打穿的窟窿。

在那个充满仇恨的气氛中，洛克菲勒极想赢得罢工者的赞同。他还真的做到了。他是怎样做到的呢？整个经过是这样的：洛克菲勒花了几个星期的时间去结交朋友，然后他对罢工工人代表们演说。总体而言，这一篇演讲稿就是一篇杰作。它产生了惊人的效果，并平息了快将洛克菲勒吞没的愤怒。这篇演说让他获得了很多人的赞赏。在这篇演讲中，他极友善地陈述了不少事实，说服了那些罢工者回去上班。至于他们采取极端手段争取的加薪问题，这些工人却只字未提。

这一著名的演讲是这样开始的。请注意话语间流露出来的友善精神。请别忘了，洛克菲勒这场演讲的听众可是几天前说要把他吊死在酸苹果树上的人。他这篇演讲充满了以下话语："我很荣幸来到这里""拜访了你们的家""见到了你们的太太和孩子""我们今天在这里见面不是陌生人，而是朋友""彼此友好互助的精神""我们共同的利益""承蒙各位厚爱，我才得以来到这里"。

"这是我一生中最值得纪念的一天，"洛克菲勒开始说道，"有幸和大公司的员工代表、管理者及督察会聚一堂，这还是我平生第一次。我可以向诸位保证，我很荣幸来到这里，这次聚会将使我没齿难忘。如果这次聚会是在两个星期前举行的话，对诸位大多数人而言，站在这里的我简直就是个陌生人，我也不认识各位。由于我上周有机会走访南部煤田的所有宿营地，所以除了几位出差的代表外，我差不多跟每一位都分别谈过心。我拜访过你们的家，见到过你们许多人的太太和孩子，所以我们今天在这里见面不是陌生人，而是朋友。正是本着彼此友好互助的精神，我很高兴有这样的机会跟各位探讨我们共同的利益。

“由于这是一次公司管理者和员工代表之间的聚会，可惜我哪种身份都不具备。正是承蒙各位厚爱，我才得以来到这里，然而我觉得自己和各位之间的联系又是密不可分的，因为从某种意义上讲，我又是股东和董事方面的代表。”

这样的演讲难道不是化敌为友的绝佳例证吗？

如果洛克菲勒采用的是另外一种方法。假如他和那些矿工展开一场辩论，还当着他们的面抛出一些破坏性事实；假如他以自己的语气暗示对方，说他们错了；假如他按照所有逻辑规则证明他们是错的，那又将发生什么呢？无疑会激起更多的愤怒、更多的仇恨以及更多的反抗。

如果一个人对你心生不满以及恶感，就是搬出基督教中的所有逻辑，你也没法让他赞同你的意见。求全责备的父母、霸气十足的老板、丈夫以及絮絮叨叨的妻子应该意识到，没人想改变自己的主意。你我不能强迫他们接受我们的意见。不过如果我们温和一些、友好一些，却可以引导他们接受我们的意见。

其实类似的话，林肯早在一百多年前就说过了。如下就是他的原话：

“‘相比一加仑胆汁，一滴蜂蜜能捕捉到更多苍蝇’是句古老而真实的格言。因此，对人而言，如果你想赢得他人支持你的事业，首先得让他相信你是他忠实的朋友，这就是捕捉他的那滴蜂蜜。说一千道一万，这才是通向他理智的宽广畅通之道。”

善待罢工者是值得的，这一点商业管理者们已经学到了。比如说，当怀特汽车公司2500名工人为增加工资和组织工会分会进行罢工时，时任公司总裁的罗伯特·E.布莱克不但没发脾气，也没指责他们暴动、谴责他们从事左翼活动之类的话，反而称赞这些工人。他在克利夫兰各大报纸上登了一则广告，称颂他们“放下工具的那种和平手段”。他买来了几套棒球拍、手套，一见工人纠察队员闲着没事，还邀请他们在空地上玩球。他还为爱玩保龄球的队员租了一条球道。

布莱克先生表现出的和善达到了友善总能达到的效果：友善。罢工的工人于是借来扫把、铁铲、垃圾车，开始清除工厂四周的火柴、纸屑、烟蒂等。试想，那些罢工的工人，正在要求加薪和承认工会之时，还整理工厂四周的环境。请想象一下！想象一下要求增加工资和承认工会的罢工者竟然在清理工厂的院坝。在漫长而剧烈的美国劳资争斗中，这样的事情闻所未闻。在一个星期内，那次罢工在没有一丝恶感和怨恨中以和解结束。

外表像天神，讲话却像耶和华的丹尼尔·韦伯斯特，是最为成功的律师之一。但在引述自己最有力的辩词时，他也带上非常友好的词句，如“这将由陪审团考虑”“这一点兴许值得思考”“这儿有几点事实，相信诸位不会忽略”“仅凭对人性的了解，我相信诸位很容易看到这些事实的重要性”。韦伯斯特的话没有采用胁迫、高压手段，也不将自己的意见强加于人。他采用的是和颜悦色、彬彬有礼且十分友善的方法。而这使他声名远扬。

你可能永远不会应邀去解决一场罢工或者跟陪审团讲话，但你可能希望自己的房租减少一些。这种友善的方法可以帮你的忙吗？我们不妨看一看。

工程师 O.L. 斯洛伯希望减少自己的房租，可他知道自己的房东是个难以对付的人。“我给他写了一封信，”斯洛伯对培训班上的学员说道，“告诉他我在租约期满后就打算搬离我的公寓。其实我并不想搬走。如果能将我的房租减低的话，我还想继续租下去。不过看样子没有太大希望，因为其他房客都尝试过，结果也都失败了。每个人都告诉我，房东是个很难对付的人。我心想：‘我正在学如何与人相处的课程，不妨就拿这位房东试一试，看看效果如何。’

“房东一接到我的信，便带着自己的秘书一起来看我。我在门口就跟他友好地寒暄起来。我讲了一通友善、热情的话语，只字不提房租太高的事，而说自己是何等喜欢他这座公寓。请相信我，我‘诚于嘉许，宽于称道’。我盛赞他对公寓的管理方法；同时还告诉他我非常愿意继续住下去，只是经济实力欠佳。

“很显然，他从没受到过房客如此热情的接待，因而一时有些手足无措。

“接着，他也给我讲述了他自己的苦楚——一些房客的怨气。有一位房客曾给他写过 14 封信，其中一些内容带有极大的侮辱性。另一位房客还恐吓说，除非房东制止楼上那名男子打鼾，否则他就终止租约。‘能有你这样让人满意的房客，’房东说道，‘那真是让人宽慰！’接着，不等我开口，他主动降低了一点我的租金。我希望再降低一点，于是就说出了能负担的数目，他二话没说就接受了。

“他临走时，还回头问了我一句：‘你看房间有没有需要装修的地方？’

“如果我当时采用了其他房客的方法，我确信自己会遭遇到他们一样的失败结局。让我取胜的是友善、同情、赞赏的方法。”

宾夕法尼亚州匹兹堡的狄恩·伍德科克，是当地一家电力公司的部门主管。他的职工被叫去维修一根电线杆上的设备。这类工作原先是另一部门在做，只是最近才移交到他的部门。尽管他的员工也接受过同样工种的培训，却是第一次实际操作。公司里的人都在关注着这件事。伍德科克先生、几位下属经理以及公司其他部分人员一同前往现场看操作情况。现场有不少小车、卡车，许多人站在一旁，看着电线杆顶端上的两人工作。

伍德科克朝四周一望，只见一个人手持相机走出自己的小车。这人对着现场不停地拍照。公共事业部门的人员对公共关系极其敏感，伍德科克突然意识到，这一场面对那个手持相机者而言，意味着人浮于事：十几个人被叫去看两个人干活儿。他沿街走到摄影者面前。

“瞧，你对我们的工作很关注。”

“是的，我母亲会更为关注。她在你们公司持有股份。这一现场会让她大开眼界。她甚至会觉得自己过去的投资是不明智的。多年来，我一直在告诉她，像你们这样的公司存在大量的浪费。这就是证明。各大报刊或许也会喜欢这些照片。”

“这的确给人那样的印象，不是吗？处于你的位置，我也会这样看。不过，这一情形十分独特……”伍德科克接着解释情况是怎样一回事，说这是他所在部门第一次承担这类工作，从总经理到下面的工作人员都十分关注。他还向此人承诺，说在正常情况下，两个人足以完成这项工作。拍照人收起了相机，握了握伍德科克的手，还为他花时间解释情况而表示感谢。

狄恩·伍德科克友善的态度避免了公司的尴尬局面，也挽回了不利的公共形象。

我们培训班的另一名学员是来自新罕布什尔州利特顿的杰拉德·H. 维恩。他讲到了自己是如何以友善态度使一件赔偿案得以圆满解决的。

“早春时节，”他报告道，“地面尚未解冻，不料却下了一场非同寻常的大暴雨，本该流入附近沟渠和排水沟里的水，竟然重新取道进入建筑工地，进入了我刚修好的屋子。

“由于雨水无法流走，使房屋四周的地基充满压力。雨水渗入地下室的水泥地面，促使其膨胀，地下室满是水。这样一来，壁炉和热水器遭到破坏，其维修费在 2000 美元以上。我所购买的保险费并不包括这类赔偿。

“不过，我很快发现承包商忽略了在房子周围铺设排水沟，否则这一问题就可以避免了。我约了个时间同承包商见面。在前往承包商办公室长达 25 英里（约 40 千米）的路上，我仔细回顾了这一情形，也想到了在培训班学过的那些原则。我知道光生气是于事无补的。当我到达时，我保持了冷静，开始跟他谈及他最近的西印度群岛之行。接着，在恰当的时刻，我提到了雨水导致的‘小小’破坏。他很快就同意了为纠正自己的错误而应承担的职责。

“几天后，他打电话过来，说他会负责赔偿那笔损失的，并且还将铺设一道排水沟以防将来再出现类似地情况。

“尽管那本身就是承包商的过失，但我如果不是以友善的方式着手，要让他完全承担责任就不知道要费多大的劲儿。”

多年前当我还是光着脚丫的男孩时，我穿过密苏里西北森林去一所乡村学校。那时曾读过一篇关于太阳和风的寓言。它俩为谁更强大而争论不休。风说道：“我可以证明我更强大。你看到下面那位穿着外套的老人了吗？我肯定能比你以更快的速度让他把外套脱掉。”

于是太阳就藏到了云团后面，风使劲儿地刮，直到变成了旋风。可是风越大，老人把外套裹得越紧。

最后，风越来越小，直至放弃为止。太阳钻出云团，朝着老人露出了善意的微笑。不一会儿，那位老人抹了抹额头上的汗珠，接着脱掉了外套。接着太阳告诫风，说温和与友善永远比愤怒与狂暴强大。

“相比一加仑胆汁，一滴蜂蜜能捕捉到更多苍蝇。”深谙此道的人日复一日地采用温和与友善的方法。马里兰州路塞维尔的F. 盖尔·康诺尔证明了这一点。他当时不得不第三次把刚买了4个月的小车送到经销商的维修服务部去。他对学员们说道：“很显然，责备维修部的经理、跟他理论或者朝他喊叫都无助于圆满地解决我的问题。

“我到了展销厅，要求见老板怀特先生。略等了一会儿，我被引到了怀特先生的办公室。我做自我介绍，并向他解释，说自己之所以买他经销的车，是因为先前跟他有往来的朋友们推荐，他们告诉我他的价格很有竞争力，服务也很周到。他带着满意的微笑听我往下讲。接着我讲到了自己在维修部遇到的一些问题。'我想你可能会关注有损贵公司良好声誉的任何情况。'我补充道。他感谢我提及这一情况，并向我保证一定会解决我的问题。他不仅亲自参与了我的问题的处理，还让我在车子修理期间使用他的车。"

伊索，希腊克洛伊斯宫中的一名奴隶，在基督降生前600多年就编出了众多长存于世的寓言。不过，他教给我们关于人性的真理，对于2500年前的雅典以及当今的波士顿和伯明翰一样适用。太阳能比风更快地让你脱掉你的外套，而温和、友善的接触以及欣赏也比威胁、狂暴更能让他人改变自己的主意。

请记住林肯所言："相比一加仑胆汁，一滴蜂蜜能捕捉到更多苍蝇。"

原则 4

以友善的方法开始。

苏格拉底的秘诀

跟他人交谈时，切勿一开始就讨论与自己意见相左的那些事。不妨在开始时一再强调那些彼此都赞同的事情。如果可能的话，你应该强调你们双方都在追求同一个目标，唯一的差异只是方法，而不是目的。

在开始时就让对方连连称“是，是”，如果可能的话，尽量别让对方说“不”。按照奥弗斯德教授的观点，“不”字是一个最不容易克服的障碍。当你说出了“不”字后，你的自尊就使得你不得不坚持到底。你或许事后会觉得自己说出的那个“不”是不可取的，可是你又得考虑自己的尊严！一旦自己说过了，你就认为必须坚持到底。因此，人在一开始就往积极方面行进是非常重要的。

讲话得法的人一开始就能得到很多“是”的回应。这就让听众的心理过程朝着积极的方向行进。这就像台球的运动一样。你若朝一个方向把球一推，那么要再让它略转一下方向就得费些劲儿，要让它朝反方向移动，那就更费劲儿了。

这里的心理模式十分明显。当一个人说了“不”字，而他又真是那个意思，那么此人要做的事就大大超过了那个“不”字。他的整个机制——腺体功能、神经、肌肉等都结集在一起，进入一种拒绝状态，随即往往会出现细微的、甚至是可视的生理收缩。总之，整个神经肌肉系统会处于抵制接受的戒备状态。反过来，当一个人回答“是”的时候，人体内就没有收缩活动产生。整个机制处于前进、接受、开放的状态。所以，当我们开始交谈的时候，我们越采用“是”回答，我们就越容易让对方注意我们的最终建议。

得到“是”字回应是个极其简单的方法，不过却常常为人们所忽略。人们似乎一开口就对抗他人的意见以凸显自己的自重感。

一开始就让学生、顾客、孩子、丈夫或者妻子说了个“不”字，那么要想再把那个恼人的否定转换成一个肯定，恐怕就需要天使般的智慧和耐性才行。

纽约格林尼治一家储蓄银行的出纳员詹姆士·爱伯逊，正是运用了这个“是，是”的技巧，才留住了一位可能失去的客户。

“这人开户，”爱伯逊先生说道，“我给了他一份普通表格让他填写。有的问题他乐意回答，但其他的他干脆拒绝回答。

“假如这事发生在我学习人际关系学之前，我早就告诉那位准客户，说他如果拒绝向银行提供这些信息，那我们只好拒绝他开户。我很惭愧自己以往就是那样做的。像那样的最后通牒自然让我自我感觉良好。我让对方知道了谁才是老板，让他明白银行的规章制度决不可蔑视。不过，对于光顾银行的人来讲，那种态度肯定让人觉得不受欢迎和被轻视。

“今天上午，我决意要运用一点实用的知识。我决意不谈银行想要怎样，而只谈顾客要怎样。最重要的是，我决定要让他从开始就说“是，是”。于是，我表示同意他的意见。我告诉他，说他拒绝提供的信息并非绝对必要。

“‘然而，’我对那位顾客说道，‘假如你去世时在银行仍有存款，你难道不愿意让银行依法转交给你的至亲吗？’

“‘当然愿意。’那人回答道。

“‘向我们提供至亲者的姓名，以便我们在你不幸去世时及时准确地执行你的遗嘱’，我继续说道，‘你不认为这是个好主意吗？’

“那位顾客又答道：‘是的。’

“得知我们索取那些信息不是为了我们，而是为了他自己，那位年轻顾客态度软化了下来，最后改变了看法。在离开银行前，那位年轻人不仅给我提供了他个人的完整信息，还按照我的建议，以他母亲作为受益人开了个信托账户，同时还高兴地就他母亲的情况回答了所有问题。

“从一开始就让他说‘是，是’，我发现他便忘了顾忌之所在，还十分愉快地依我的建议去做。”

威斯汀豪斯电气公司的销售代表约瑟夫·阿里生讲了如下一段故事：“在我负责的销售区域里，有这样一个人，我们公司极想卖给他一批货物。我的前任走访了他10年时间，却始终没有谈成一笔交易。在我接管这一地区后，我连续拜访了他3年时间，也是一个订单都没拿到。最后，经过13年不断地访问和销售洽谈，我们终于卖给了他几台发动机。如果这些发动机经证明没什么问题，那么几百台发动机的订单也会随之而来。这就是我所盼望的，不是吗？我知道那些发动机是没问题的。当我3周过后去拜访他时，我可是喜气洋洋的。

“总工程师首先向我提起的竟然是一则令人吃惊的消息：‘阿里生，你们那余下的发动机我们不能再买了。’

“‘为什么？’我吃惊地问道，‘为什么？’

“‘因为你们的发动机太烫了，我的手根本就不敢放上去。’

“我知道跟他争辩也不会有任何好处。我过去一直就是这样做的。于是我思考着如何从他那里得到‘是，是’的回应。

“‘哦，这个，你看啊，史密斯先生，’我说道，‘对你所说的，我是百分之一百地同意。假如那些发动机运转起来太烫，你确实一台都不该买了。你需要的发动机一定是热度不超过全国电工协会所定标准的，是不是？’

“他承认是的。我得到了我想要的第一个‘是’字。

“‘全国电工协会规定，一台标准设计的发动机可以高出

室内温度 72 华氏度，是不是？'

"'是的，'他同意，'那没错。可是你们的发动机却比这温度高得多。'

"'我没和他争辩，我只是问道：'厂房温度是多少？'

"'嗯，'他答道，'大约是 75 华氏度。'

"'那好，'我说道，'如果厂房温度是 75 华氏度，再加上 72 华氏度，那么一共就是 147 华氏度。如果你的手握住一根 147 华氏度的热水管子，你不会觉得烫手吗？'

"他只得说'是'。

"'哦，'我向他建议道，'史密斯先生，你可别用手去碰那台发动机。'

"'啊，我想你说得对，'他承认道。我俩继续谈了一会儿，接着他叫来了秘书，为下个月订了差不多价值为 35000 美元的货物。

"我花了多年的时间，损失了数万美元的买卖，才最终意识到争辩并无益处。从他人的观点去看待事物，设法让他人回答'是，是'才更有益、更有趣。"

加利福尼亚州奥克兰的埃迪·斯诺是我们培训班的学员，他讲了自己是怎样成为一家商店的老主顾的，就因为店主让他说了"是，是"。埃迪对弓箭狩猎感兴趣，还花了不少钱在当地的一家弓箭商店购回了设备。在他的哥哥来访期间，他想从这家商店给哥哥租一套弓箭。店员却告诉他该店没有出租业务。埃迪给另外一家商店打了个电话。他描述了事情的经过：

“电话那头传来一位绅士悦耳的声音。他对我提出的租用问题做出了有别于其他商店的回答。他抱歉地说，他们由于无力承担出租业务，故不再租借弓箭。接着他问我以前是否租借过。我回答：‘是的，那是几年前的事了。’他提醒我当时的租金可能在 25 至 30 美元之间。我又一次回答了‘是’。他接着问我是否属于精打细算型。我自然回答说‘是’。他继而解释道，说他们有几套特价弓箭，价格为 34.95 美元。相比租用一套弓箭，我只需多掏 4.95 美元就能买到一整套。他还解释说他们停租的原因就在这里。我是否认为那是一件合理的事呢？我那个‘是’字回应结果让我买了一整套弓箭。当我去取货时，我还在那家商店另外买了几样别的物品，从此就成了那里的老顾客。”

“雅典牛虻”苏格拉底是迄今为止世界上最著名的哲学家之一。他所做的贡献，史上能望其项背者寥寥无几：他彻底改变了人类思维的途径，直到他去世 2400 年后的今天，人们仍尊称他为影响这个纷扰世界最为睿智的劝导者之一。

他运用的是什么方法？他曾指责他人的过错？没有。苏格拉底不是这样的人。他处世巧妙，不会那样做。他的整个技巧，现在人们称其为“苏格拉底法”，就是以获取“是，是”回应为基础。他提出的问题就连他的反对者都不得不接受。他连续不断地获得对方的同意直至无法承受。他不停地问问题，直到最后让反对者几乎在不知不觉中接受数分钟前还坚决否认的结论。

下次当我们想要指出他人的错误时，就请我们记住先人苏格拉底，并且问一个温和的问题——一个能够获得“是，是”回应的问题。

东方有一句充满悠久智慧的格言：“轻履者行远。”

他们当中的那些文化人花了5000年去研究人性，才收集到了许多如“轻履者行远”之类的睿智言语。

原则5

让对方立刻说“是，是”。

应对抱怨的安全阀门

在试图赢得他人赞同时，很多人的话说得过多。要让他人畅所欲言。他们对于自己的事或是问题要比你知道得多。所以多问他们问题，让他们给你讲相关情况。

如果你不同意他们的意见，你或许会忍不住插话。可别这样做，那是危险的。当他们还有很多意见急于要发表时，他们是不会注意到你的。所以，你应该耐心而虚心地听着。态度要诚恳。鼓励他们言无不尽。

这种策略用在商场上有效吗？我们不妨瞧瞧。有个销售代表不得不这样尝试。下面就是他的故事。

美国最大的汽车公司之一正在洽谈采购一年中所需要的坐垫布。当时有 3 家实力雄厚的厂商把样品送去备选。这家汽车公司所有高层人员在验过了货物后，便通知各供销商在某日各派一位代表对合同的最后诉求进行陈述。

其中一家厂商的代表 G.B.R. 来到城里，那一天偏患了严重的咽喉炎。“当轮到我去见汽车公司那些正在开会的高层人员时，”R 先生在给班上学员讲述其经历时说道，“我的嗓子哑了，几乎连一点声音都发不出来。我被带进一个房间，直接面对纺织工程师、采购员、销售主管和那家汽车公司的总裁。我起身，努力想说话，可只能发出吱嘎声响来。

“他们全都围着桌子坐着，我只好用笔写在一张纸上：‘诸位先生，我嗓子哑了，说不出话来。’

“那就让我来替你说。”公司总裁说道。他的确这样做了。他把我的样品一件件展开，并称赞它们的优点。他们就那些优点展开了激烈的讨论。由于总裁在替我说话，所以就自然代替我在讨论中应该处的位置。当时我唯一的参与就是不断地微笑、点头，或者打几个手势。

“这次奇特的会议讨论结束时，我获得了这个订货合约，这家汽车公司向我们公司订购了50万码的坐垫布，总价值为160万美元。这是我经手过的最大的订单。

“我知道，若不是我喉咙嘶哑，我早就失去那份订货合同，因为我对整个事件存在错误的看法。我这次无意中发现，原来听他人讲话有时是很有价值的。”

在商务背景下听他人讲话和在家庭场景下一样有帮助。芭芭拉·威尔逊太太跟自己女儿罗利的关系急剧恶化。罗利一直是个文静而清高的女孩，后来渐渐变成了一个不合作，有时还好斗气的少女。威尔逊太太教训她、威胁她，还惩罚她，但这些都无济于事。

“一天，”威尔逊太太对班上的学员说道，“我后来就放弃了。罗利不听我的话，自己的作业还没做完就离家去看朋友。她回家时，我真想对着她大吼一千遍，可是我没有那种精力。我只是望着她，伤心地问道：‘为什么，罗利，为什么呀？’

“罗利注意到我的情绪，接着以平静的口吻问道，‘你真想知道吗？’我点了点头，罗利开始跟我讲：她起初还有些犹豫，后来就一股脑儿全倒了出来。我从来就没有听过她的倾诉。我总是在叫她做这做那。当她想把自己的想法、感觉、打算告诉我时，我总是拿更多的命令打断她。我开始意识到她需要我——不是一个把她呼来唤去的母亲，而是一位闺中密友，成长过程中遇到困惑时的一种宣泄渠道。我本该聆听时却在不停地讲话。我从来就没有听过她的想法。

“从那时起，我就让她尽情倾诉自己想说的话。她告诉我她在想什么，我俩的关系得到了很大改善。她再一次成了一个合作的人。”

纽约一家报纸的财经栏目上登出了一则大篇幅广告，需要招聘一名拥有非凡才能和经验的人士。查尔斯·T.库伯里斯按照信箱号码写信回应了那则广告。几天之后，他收到回信邀请他面试。在他拜访之前，他在华尔街花了几小时了解该机构创始人的一切情况。在面试期间，他说道：“如果能加入像你们这样一家创有佳绩的公司，我将为自己感到非常骄傲。我知道，28年前起步时，贵公司除办公室和一名速记员外别无他物。是不是那样？”

差不多每位成功人士都愿意回顾自己早期的奋斗经历，这人也不例外。他就自己怎样用450美元和一则原创想法使得事业起步谈了很长时间。他谈到了自己怎样跟失望抗争，怎样战胜他人的嘲笑，怎样在星期天和节假日依然上班，一天工作12到16个小时，怎样在极为不利的条件下取胜，直到现在连华尔街最为重要的那些公司高层管理人员也来向他讨教，请求指点迷津。他为自己创下的纪录深感骄傲。他有权骄傲，讲述这些经历使他非常愉快。最后，他简短地问了问库伯里斯先生的经历，接着将一位副总裁叫来自己的办公室，说道：“我想这位先生就是我们要找的人选。”

库伯里斯先生费尽心思，去弄清自己未来雇主取得的成就。他对对方及其经历给予了关注。他鼓励对方多讲话，因而留下了一个良好的印象。

加利福尼亚州萨克拉门托的罗伊·G.布拉德利遇到了相反的情形。罗伊叙述道：一位销售职位的合适人选，通过言谈让自己进入了布拉德利公司。

“我们是一家小型的经纪公司，因而没有诸如住院、医疗保险及养老金之类的附加福利。每位代表就是一个独立的代理商。比我们更强大的竞争者能够打出符合客户要求的广告，而我们却连相关的有用线索也不能提供。

“理查德·普莱尔有过我们所需职位的工作经历，我的助手首先对他进行了面试，还告诉了他跟这项工作有关的所有负面因素。他走进我的办公室时显得似乎有点儿泄气。我跟他提到了加入本公司的一大好处，那就是作为独立的承包人，几乎是自负盈亏。

“随着他跟我谈及那些优势，他渐渐打消了刚进来面试时的每一种负面想法。在思考每种想法时，有几次他好像是在自言自语。我有时很想对他的想法进行补充。不过，当面试结束时，我觉得他已经说服了自己，那就是他愿意为我的公司工作。

“由于我一直是个极好的聆听者，让迪克充当主要的讲述人。他能够很好地权衡利弊，最终得出了积极的结论：给自己制造挑战。我们录用了他，而他一直是本公司一位出色的销售代表。”

就连我们最好的朋友也情愿跟我们谈论他们所取得的成就，也不愿意听我们吹嘘自己。法国哲学家拉罗什富科说过：“如果你想得到仇人，那你就超越自己的朋友，可是如果你想得到朋友，那就让你的朋友超越你自己。”

这话真有那么正确？因为当朋友超越我们时，他们就有了自重感。可是当我们超越他们时，那他们，或者说他们之中的一些人会有自卑感，还会心生妒忌。

G. 亨利塔无疑是纽约中镇人事机构里最受人欢迎的就业顾问。可她的情况并非总是那样。就在她刚加入该机构的前几个月，亨利塔在同事中没有一个朋友。为什么？就因为她每天都会吹嘘自己安置多少人就业、新开了多少账户以及她做成的其他任何事情。

“我对自己的工作很是在行，也为此感到骄傲，”亨利塔告诉班上的学员，“可是我的同事们不但没有分享我成功的喜悦，反倒十分憎恶。我想让这些人都喜欢我。我真想让他们成为我的朋友。在听了培训班中提到的一些建议后，我开始少谈我自己，而是多听同事们谈他们自己。他们也有事情可吹嘘，他们更乐于讲述自己的成就而不是听我的自夸。现在，当我们有时间闲聊时，我请他们跟我分享他们的快乐，只有在他们问到时，我才会提及自己做出的成绩。”

原则 6

让他人多说话。

赢得合作的窍门

相比别人拱手奉送给你的主意，你是否对自己所发现的更有信心呢？如果是的话，那你不觉得把自己的主意硬塞给他人是件糟糕的事情吗？提出建议，并让他人自行想出结论，这不是一个更明智之举吗？

费城的阿道夫·赛尔滋先生是一家汽车展厅的销售经理，也是培训班的一名学员。他突然发现自己有必要给一群失望而散漫的汽车销售人员注入一些热情。他召开了一次销售人员会议，他敦促手下员工说出他们希望从他身上得到些什么。他们一边说，他一边把他们的想法写在黑板上。然后他说道：“我可以给你们希望得到的东西，现在我希望你们告诉我，我能在你们身上获得些什么?”他们很快给予回答:忠心、诚实、积极性、乐观、团队精神,每天 8 小时充满热忱地工作。等这次会议一结束,员工们个个充满了新的勇气以及新的灵感——一位员工主动要求每天工作 14 个小时。赛尔滋先生告诉我,他们的销售业绩大大增加了。

“他们跟我做了一次道义交易,”赛尔滋先生说道,“只要我尽到了我之所能,他们也决定言而有信。跟他们商谈他们的需要就像是给他们的强心剂。”

没有人喜欢被差遣去做一件事。我们更愿意照着自己的意思去买东西,或者做事情。我们希望有人关注我们的愿望、需要以及想法。

以尤金·威逊为例。在他尚未学到这一真理之前,他损失了成千上万美元的佣金。威逊先生为一家设计工作室推销设计师和制造商用的图样。他差不多每星期都去纽约拜访一位著名设计家,坚持了 3 年。“他从来没有拒绝接见我,”威逊说,“可是他从来不买。他每次都细心地观看我的图样,然后说道:‘不,威逊,我想我们今天合作不了。’”

经过 150 次的失败后,威逊意识到自己陷入了某种心理定式,于是决定每星期利用一个晚上的时间去研究如何影响人的行为,以此帮助自己拓展新思路、引发新热忱。

他决定采用这一新方法。他带着设计家们尚未完成的 6

张图样，匆匆走进那位买主的办公室。“如果可以的话，我想劳驾你帮我一点忙，”威逊说道，“这里有几张尚未设计完成的图样，能否请你指点一下，以便完成后能适合你的需要？”

这位买主看了一会儿图样，一言不发。最后，他开口了：“威逊，你把图样放在我这里，过几天再来找我。”

3天后，威逊又去他那里，听了他的建议，然后把图样拿回了工作室，并按照那位买主的意思完成了。其结果如何呢？这位买主照单全收。

在那之后，这位买主又从威逊那里订购了几十张图样，全都是照着客户的意思完成。“我这才明白过去失败的原因，”威逊说道，“我过去总是敦促他买我认为他需要的图样。我后来彻底改变了自己的方法。我请他为我提供他的理念。这使得他觉得是自己在设计那些图样。他确实是在设计。我无须非得卖给他。结果他自己来买了。”

让他人觉得这个主意是他的原创不仅在商界和政界有用，在家庭生活中也一样有用。保罗·M.戴维斯来自俄克拉何马州的塔尔萨，他给班上的学员讲到了他运用这一原则的情况。

“在我们众多的观光度假旅行中，有一次让我和家人玩得非常愉快。我一直梦想参观诸如葛底斯堡内战遗址、费城独立宫以及首都等地方。瓦利福奇村、詹姆斯敦以及修复后的威廉斯伯格殖民村也在本人的旅游清单上。

“3 月份，妻子南希提到，她对我们的暑假游有自己的想法，希望涵盖西部各州以及新墨西哥州、加利福尼亚州和内华达的一些景点。她几年以来一直想做这样的旅行。但显然我们不能做两次旅行。

“我女儿安娜刚刚上完初中美国历史课，因而对本国的那些历史事件很感兴趣。我问她是否想在我们下一次旅行中看一看自己了解的那些地方。她一口答应。

“第三个晚上，当我们围坐在餐桌边时，南希宣布，如果我们大家意见一致，那么这个暑假就去东部各州，她还说那将是安娜的一次伟大的旅行，我们一家都会非常激动。我们达成了一致意见。”

一位 X 光仪器制造商采用了同样的心理，把自己的一批仪表卖给布鲁克林的一家大医院。这家医院正在扩建一栋新楼，准备安装一套美国最好的 X 光仪器。该部门的负责人 L 博士被销售代表们包围得都应付不过来了，谁都跟他讲，自己公司的设备是最好的。

不过，其中一位制造商技高一筹。他比他人更懂得待人处事的技巧。他写了这样一封信：

> 敝厂最近完成了一套新的 X 光生产线。这种仪器的第一批货已运达我们办事处。我们深知它们并非

完美无缺，也打算改进。因此，如蒙能抽出时间过来参观，并提出宝贵意见以便更有助于你们的工作，我们将不胜感激。我知道你们工作繁忙，烦请告知任何方便的时间，我将十分愿意派车前往迎接。

“接到那封来信，我感到很是惊讶，”L 博士跟培训班的学员谈到这事的经过，“我既惊讶，同时也深感荣幸。我从没见过 X 光仪器制造商来征求我的意见。这使得我有一种自重感。那个星期每晚我都很忙，不过，为了看一看那套新仪器，我取消了一个晚宴约会。我当时是越看心里越喜欢。

“没有任何人要我购买，我觉得为医院购进那套仪器完全是我自己的意思。我为那套仪器的超常质量所折服，于是就订购、安装了下来。”

爱默生在其随笔《论自立》中说：“在天才的每一部作品中，我们总会发现一些我们曾摈弃的想法：再次相会，他们显得疏远而又神圣。”

在伍德鲁·威尔逊入主白宫期间，爱德华·M. 豪斯上校在国内、国际事务中有着重大的影响力。威尔逊总统在政务上对豪斯上校的依赖程度大大超过了他对内阁成员的依赖。

豪斯上校是用什么方法去影响威尔逊总统的呢？我们十分侥幸地获知，因为这位上校曾对亚瑟·D. 史密斯透露过，而史密斯在《星期六晚报》中的一篇文章中引用过豪斯的话。

豪斯说道：“我与总统结识，我发现，要让他转而接受一种观念，最好的办法就是不经意地将这些观念移植到他的心里，让他关注、让他自己去思索。这种方法第一次产生效果，纯属偶然。一段时间以来，我穿梭于白宫，力劝他采纳一项他似乎并不太赞同的政策。在数天后的一次晚宴上，我惊讶地发现威尔逊总统说出我那项建议来，就像是他自己想出来的一样。”

豪斯上校是否会打断总统的话，说“那不是你的建议。那可是我的建议”？不，没有，豪斯才不会那样做，他很有城府。他没去抢功，只想要结果。所以他继续让总统觉得那是他自己的意见。豪斯做得更绝的是，他还公开称道总统的明智之举。

让我们记住这一点：跟威尔逊总统一样，我们接触的每个人都是人。因此，我们不妨采用豪斯上校的技巧。

原则 7

让对方觉得这是他的创意。

创造奇迹的公式

记住，他人可能完全是错误的，但他们却不这样看。千万不要斥责他们。任何愚蠢之人都会斥责他人。要试图理解对方。唯有聪明、容忍、非凡之人才会试着那样去做。

他人为什么会按照自己的意思去思考和行动，一定有他的理由。如果能挖掘出那一缘由，那么你就找到了知晓他种种行动或者人格的钥匙。请真心实意地把自己放在对方的位置上。

如果你对自己说："如果我处在他的位置，我将会作何感受，又会如何反应呢？"那你准会为自己省下不少时间和免去很多烦恼，因为"你通过关注事情的起因，就不会憎厌由此引发的结果"。除此以外，你还会大大提高人际关系方面技巧的能力。

"暂停片刻，"肯尼思·M.古德在其《如何变人成金》一书中说道，"暂停片刻，比较一下你高度关注的事和任何淡然处之的事，紧接着你就会意识到，世界上任何人的感觉都是一样的。然后，你就会跟林肯、罗斯福一样，把握住了人际关系中唯一牢固的基础，也就是说，待人接物的成功，全靠持同情态度去把握他人的观点。"

萨姆·道格拉斯来自纽约州的亨普斯特德，他过去老是数落自己的妻子，说她花太多时间——每周两次——在自家草坪上拔草、施肥、修剪花草，结果却跟4年前他们搬过来时差不多。不消说，他说过的这些话让妻子非常沮丧。每当他说这些话，那天晚上的平静也就被打破了。

在参加了培训班课程后，道格拉斯先生意识到那些年自己表现得多么愚蠢。他从未想到过妻子喜欢干那些活儿，或许还期待他对自己的辛勤劳动给予表扬呢。

一天晚饭后，妻子说想去拔草，并让他作陪。他先是委婉相拒，后来觉得这样做不明智，于是跟着妻子走了出去，并开始帮助她拔草。妻子显然很是高兴，他俩花了一小时一边努力除草，一边亲切交谈。

从那以后，他经常帮助妻子打理园子，恭维她把草坪维护得非常好看，还说她干得真是棒极了，竟然在泥土像水泥的院子里种出了花草。结果是：由于他从妻子的观点去看待事物——即便事物的诱因不过是杂草而已，也使双方更加幸福了。

杰罗德·S. 尼伦伯格博士在其《与人接触》一书中评论道："当你表现出把他人的想法视如自己的一样重要时，交谈的合作性就达到了。一开始交谈就让他人明白你的目的或者方向，把自己当成听众来掌控自己的言谈，并愿意接受对方的观点，这些都会鼓励听众对你的想法持虚心听取的态度。"

我一直喜欢在我家附近的一个公园里散步、骑马。就像古高卢的德鲁伊特人一样，我对橡树近乎崇拜，因此，当我年复一年地看到小树以及灌木因人为疏忽而被火烧掉，心里不免感到十分难受。这些火灾不是粗心的吸烟者引起的，几乎都是青少年在公园野炊，在树下煮香肠、鸡蛋造成的。有时候火势蔓延得非常厉害，不得不叫来消防队才能扑灭。

在公园边上立有一块警示牌，上面写着凡引起火灾者将受到罚款或监禁的处罚。可是那块牌子立在公园人迹罕至的地方，能见到它的玩火者寥寥无几。这个公园似乎应由一位骑警负责管理，可他又不是太尽责，所以公园才接连失火。有一次，我急匆匆地赶到一位警察面前，告诉他有火在公园里迅速蔓延，希望他马上通知消防队。可是他极其冷淡地回答说那不关他的事，因为那不在他的管辖区内！我失望至极，打那以后，我每逢在公园骑马，便对这片无人管辖之地履行起自封的一人委员会之责。起初我没能注意他人的观点。当我看到树下燃起的火苗时，心里就非常不高兴，就急于想做应该做的事，结果倒把事情搞砸了。我总是骑马来到那些孩子面前，警告他们在树下生火有可能被拘禁，还以一种权威的口气命令他们把火灭掉。如果他们拒不听话，我总会威胁说要把他们抓起来。我当时只顾发泄自己的情绪，丝毫没留意他们的观点。

结果如何呢？那些孩子虽然遵从了，可是心里不服气，甚至还带着怨气。当我骑马到了山顶，他们可能又生起火来，甚至恨不得把整个公园都烧掉。

随着时间的推移，我了解到了一点儿人际关系的知识，学到了一点儿圆滑手腕，更容易从他人的观点去看事物。后来我不再下命令，而是骑马来到火苗旁边，以这样的方式开始交流：

“男孩们，你们玩得高兴吗？你们的晚餐打算煮些什么？……我小时候也喜欢自己生火，现在还那样。可是你们要知道在公园里生火非常危险。我知道你们无意捣乱，可其他男孩不一定会这么小心。他们来这里看到你们在生火，也跟着玩起火来，回家时却不把它熄掉，这火在干枯的树叶中蔓延开来，结果把树也烧死了。假如我们再不小心，那么这个公园就没有树了。你们在公园里生火，可能会因此而坐牢。我本不该指手画脚的，也不该扫你们的兴。我很想看到你们玩得愉快，不过请你们现在就从火边把所有的干树叶扒开，记住在回家之前给火堆多盖些泥土，行吗？你们下次再想玩时，请到山那边的沙堆上生火，好不好？在那里就没什么危害……孩子们，谢谢你们啦，希望你们玩得快乐。”

我说的那些话果真产生了效果！那几个男孩乐意跟我合作了。没反感，也没怨恨。他们没有被迫服从命令。他们保全了自己的面子。他们当时感觉心情舒畅，我也感觉心情舒畅，因为我在处理这件事情时考虑到了他们的想法。

当个人问题变得难以克服时，从他人的角度去看问题可以缓解紧张气氛。澳大利亚新南威尔士的伊丽莎白·诺维克的购车分期付款迟交了6个星期。"那是一个星期五，"伊丽莎白说道，"我接到一个十分难听的电话，来电者是处理我账目的负责人，他通知我，到星期一上午还不见我缴纳122元，我可能会面临公司的进一步强制措施。我在周末没办法筹集到那些钱，因此，当我在星期一上午接到那个电话时，我便做好了最为糟糕的准备。我没有变得十分不安，而是从对方的观点看待问题。我为给他造成巨大的不便而最为真诚地向他道歉，还说，我一定是让他最为头疼的客户，因为我推迟缴纳购车款已不是第一次。他的语气立刻就改变了，他还宽慰我，说我远不是令他最头疼的客户。他接着跟我列举了几个实例，说他有几个客户有时非常粗鲁，说他们怎样跟他撒谎，还常常试图不和他通话。我什么也没说，只管听着，让他把苦闷全朝我倾泻出来。后来，不等我提出任何建议，他说，如果我不能马上付清款项也没关系，我可以到月底前付给他20元，并在方便的时候把账结清就成。"

以后，趁还没有开口叫人把火灭掉、购买你的产品，或者为你钟爱的慈善事业捐款前，何不闭上眼睛，试图从对方的角度把整个事情想一遍？不妨问问自己："他们为什么要那样去做呢?"这的确要花时间，可是这样做可避免树敌，能获得更佳效果——而且是在更少摩擦、更少麻烦的情况下解决的。

"在跟一个人会谈前，我情愿在此人办公室外面的人行道上来回走上两小时，"哈佛大学商学院院长唐汉姆说道，"而不情愿就贸然闯进他的办公室。我得想好自己打算说些什么，同时凭借自己对对方兴趣的了解，揣摩对方可能会怎样回答。"

这一点实在是太重要了，所以为了强调我打算重复这一观点。

"在跟一个人会谈前，我情愿在此人办公室外面的走廊上来回走上两小时，"哈佛大学商学院院长唐汉姆说道，"而不情愿贸然闯进他的办公室。我得想好自己打算说些什么，同时凭借自己对对方兴趣动机的了解，揣摩对方可能会怎样回答。"

看完本书后，如果你能得到一样东西——一种处处为他人着想，既从自己的角度，也从他人的角度去考虑问题——即使你从本书只得到这一样东西，那也容易成为你终身事业的垫脚石之一。

原则 8

真诚地从他人的角度看待事物。

人之所需

一句可以停止争辩、消除怨恨、制造好感以及让人悉心关注你谈话的妙语，你难道不想拥有吗？

想要吗？那好。就是这一句："我一点儿也不责怪你。若是我，我也会有同样的感受。"

一句如此简单的话，会让世上最难对付的讨厌鬼软化下来。你可以说出那句话，而且要百分之百真诚。假如你是对方的话，你也会有同样感受。我们不妨以阿尔·卡彭为例。假如你有同卡彭完全一样的身体、性情以及思想，假如你身处他的环境以及拥有他的经历，那你就会成为他那样的人，身处他的境地，因为正是那些条件才造就了他的为人。比如说，你不是一条响尾蛇，唯一原因是你的父母也不是响尾蛇。

你成为什么样的人，这本身是无从把握的。记住，冲你恼怒、执迷不悟、不讲理的人，也为自己是那样的人而一筹莫展。要怜惜那些可怜的人。对你自己说："唉，若非上帝的恩惠，我也跟他差不多。"

四人中你会遇上三人如饥似渴地期望得到同情。如果你同情他们，他们就会爱你。

我曾做过一期有关《小妇人》的作者路易莎·梅·奥尔科特的广播节目。我自然知道她曾居住在马萨诸塞州的康科德，并创作出了留存于世的名著。可我未经思索，却说我曾拜访过她在新罕布什尔州康科德的老家。假如我只说过一次新罕布什尔州，也许可以原谅，可是，哎呀，我的天哪，我接连说了两次。我接着收到铺天盖地的信函、电报，还有一些刺人的信件，它们恰如一群野蜂围着我那无力抵抗的脑袋乱转。许多人义愤填膺，少数人出口伤人。其中一位曾在马萨诸塞州的康科德长大，后移居费城的女士，对我恼怒异常。就算我指控奥尔科特小姐是新几内亚的食人族，她斥责我的话语也不会更为刻薄。一读到那封来信，我对自己说："幸亏我没有娶那位女士，真是谢天谢地。"我真想回她一封信，告诉她虽然我弄错了地名，可是她却弄错了常识性的礼节。这原本不过是信的开头一句而已。我接下来还会摩拳擦掌，告诉她我当时的真实想法。不过，我并没有那样做。我控制住了自己。我意识到只有头脑发热的蠢材才会那样做。

我想超越蠢材，于是决定要把对她的仇视变成友善。要做到那样会是一场挑战，也是一种值得一玩的游戏。我对自己说："不管怎么说，如果我是她的话，也可能会有相同的感受。"因此我决定赞同她的观点。后来我去费城的时候，还给这位女士打了电话。交谈内容大如下：

我：××夫人，几个星期前，您给我写过一封信，我想就此向您表示感谢。

她：（清晰、文雅、有教养的声调）请问阁下是？

我：对您来讲，我只是一个陌生人。我叫戴尔·卡耐基。几个星期前，您收听过一个广播节目，我谈到了路易莎·梅·奥尔科特。我犯了一个不可宽恕的错误，竟说她曾在新罕布什尔州康科德居住过。那是个愚笨的错误，我为此向您道歉。谢谢您花时间写信指正我的错误。

她：我很抱歉信里所写的内容，卡耐基先生。我一定得向您道歉。

我：不！不！该道歉的不是您，而是我。即使是个小学生也不至于犯我那样的错。事后的第二个星期天，我已在电台更正过了错误，现在我亲自向您道歉。

她：我出生在马萨诸塞州的康科德。两百年来，我的家族在那里一直很有声望，我以自己的家乡为荣。当我听您说奥尔科特小姐曾在新罕布什尔州居住时，实在使我心里难过。不过，我为自己写过的那封信深感歉疚。

我：我向您保证，您的不安不及我的十分之一。我的错误没有损害马萨诸塞州，却大大地损害了我。像您这样有身份、文化的人是很难得给电台节目主持人写信的。在我以后的节目中，您如果再发现有错，希望您能够再给我写信。

她：您知道，我非常喜欢您这种接受他人批评的态度。您一定是个了不起的人。我很愿意进一步了解您。

这样一来，由于我道了歉，并同意了她的观点，她也开始道歉并同意我的观点。我控制住了自己的脾气，并以友善对待他人的侮辱，这使我感到非常满意。我让她喜欢我，并从中得到了无限的乐趣，这大大超出了我痛骂她并让其去跳河所得到的乐趣。

凡入主白宫之人，差不多每天都会面临人际关系之类的棘手问题，塔夫脱总统也不例外。他从经验中获益匪浅——同情是恶感的解药。在其《服务伦理学》一书里，塔夫脱举了一个十分有趣的例子。他讲到了自己是如何让一位雄心勃勃的失望母亲平息了怒气。

“在华盛顿有这样一位夫人，”塔夫脱总统写道，“她丈夫在政界很有一些影响力。有六七个星期的时间，她来这里缠着我，想让我为她的儿子谋求一个职位。她还搬来了参众两院的几位议员陪她过来，旨在让他们显得自己说起话来分量更足。该职位所需要的是技术人才，后来经该局主管的推荐，我将其委派给了另外一个人，之后我便接到那位母亲的来信，她指责我令人厌恶至极，因为我的举手之劳本可以让她成为一个快乐的人，可是我谢绝那样去做。她还抱怨，说自己曾如何劝说她那个州的代表们全票通过我尤为关注的一项行政法案，结果我却以这样的方式报答她。

“当你接到一封类似的来信，你首先要做的事，就是设想自己能展现对违规或者无理之人多严厉的态度，接着你才可能动笔答复。如果你够明智的话，你会把那封信放进抽屉并锁起来。两天后再把那封信拿出来——这类信件总会晚两天才回复——当你两天后再拿出那封信，你就不会寄出去。我采取的就是那种方法。之后，我坐下来尽力用最客气的措辞给她回了一封信，告诉她我明白一位母亲在这种情形下的失望，也如实地告诉她，委任那样一个职位由不得我的个人好恶，我只能委任该局主管推荐的合适的技术人才。我希望她儿子留在自己原有岗位上努力取得母亲所期待的成就。那封信使她息了怒，她还回了我一封短信，为自己曾写过那封信表示抱歉。

“但我收到的委任并没有立刻得到确认。过了些时日，我又接到一封声称是她丈夫写的来信，尽管笔迹跟前面两封完全一样。我从这封信中获知，她因此事受挫而导致神经衰弱，只得卧病在床，还患上了一种非常严重的胃癌。我能否撤回第一次的委任书而换上她儿子，以助她恢复健康？我只得又写一封信，这次是写给她的丈夫，我希望他夫人的病况是误诊的，对他夫人的病情深表同情，可要撤回委任是不可能的。我委任的人随后得到了确认。就在我接到那封信的第二天，我们在白宫举行了一场音乐会，最先向我和夫人打招呼的就是这对夫妇，尽管这位夫人不久前还声称病危着。”

杰伊·曼古姆是俄克拉何马州塔尔萨一家电梯维修公司的代理人，他所在公司跟塔尔萨一家顶级宾馆签有维修合同。该宾馆的经理不想每次关闭扶梯的时间超过两个小时，因为他不想给宾馆客人带来不便。然而，所需的维修时间至少得花 8 小时，杰伊·曼古姆的公司不可能总留下一位合格的机械师听候宾馆的差遣。

曼古姆先生为该工作安排了一位顶尖级机械师之后，他给宾馆经理打了个电话，他没有跟对方力争所需的时间，而是这样说的：

“瑞克，我深知你们宾馆非常忙，你也想让扶梯的关闭时间保持在最低限度。我能理解你对此事的关注，我们也想尽我们所能提供方便。不过，从我们对那一故障的判断来看，如果我们现在不把工作做彻底的话，你们的扶梯有可能遭受更为严重的损坏，那样一来，所造成的关闭时间会更长一些。我知道你一定不想让自己的客人接连几天都不方便吧。”

那位经理不得不同意，毕竟8小时的关闭比几天的关闭更可取一些。通过赞同这位经理取悦顾客的欲望，曼古姆先生轻松使得宾馆经理在毫无怨气的情境下赞同了自己的想法。

乔伊斯·诺里斯是密苏里州圣路易斯的一位钢琴教师。少女学钢琴通常是一个让教师觉得头痛的事。乔伊斯讲到了自己是如何处理这一问题的。巴比特的指甲长得出奇。这对想养成钢琴弹奏习惯的任何人都是一个严重的障碍。

诺里斯夫人说道：“我知道，她如果想把钢琴弹好，她那长长的指甲无疑是个障碍。在她开始跟我学习之前的几次讨论中，我只字未提她指甲的事。我不想打击她的学习积极性，我也知道她也绝不愿失去她那引以为荣并极力引人注目的特长。

“在她上完第一课后，我以为时机已经成熟，于是对她说道：‘巴比特，你拥有迷人的双手和漂亮的指甲。如果你想把钢琴弹好，并且弹得跟你期待的一样好，要是你能把指甲修短些，你都会吃惊你能弹得更快、更容易。考虑一下，好吗？’她做出了一个显然表示否定的鬼脸。我也跟她的母亲谈到这一情况，也提及她的指甲十分叫人喜爱。又是一次否定的反应。很显然，巴比特那精美修饰的指甲对她来说十分重要。

“第二周，巴比特来上第二次课。让我大为惊奇的是，指甲修剪过了。我表扬她为此做出的牺牲。我还为她的母亲动员她剪掉指甲表达了谢意。这位母亲回答说：‘这事跟我没关系。是巴比特自己决定那样做的，这可是她第一次为别人剪掉指甲。’”

诺里斯夫人威胁过巴比特了吗？她说过自己拒绝教授任何留长指甲的学生了吗？不，她没有。她让巴比特知道自己的指甲的确很美，剪掉也怪可惜的。她暗示道：“我赞同你的意见——我知道那样做不是件容易的事，但这会因你的音乐升华而得到补偿。”

索尔·哈洛克也许是美国一流的音乐会经纪人。他跟夏里亚宾、伊萨朵拉·邓肯以及巴甫洛娃等世界知名艺术家打了差不多50年的交道。哈洛克先生告诉我，在与那些性情变化无常的明星的交往中，他首先获得的教训之一就是同情的必要性，对他们各种古怪的脾性需要同情，同情，再同情。

哈洛克担任费奥多尔·夏里亚宾的经纪人长达3年之久。夏里亚宾是声震大都会豪华包间的最伟大的低音歌唱家之一。然而，夏里亚宾一直是个让人头疼的人。他的行为就像一个被宠坏的孩子。用哈洛克那独特的话语来说：“他方方面面都是个糟透的家伙。”

比如说，夏里亚宾总会在音乐会的那天中午打电话给哈洛克说：“索尔，我觉得很不舒服。我的喉咙沙哑得很。今晚我没法登台演唱了。”哈洛克先生同他争辩了吗？噢，没有。哈洛克知道自己身为经纪人不能那样对待艺术家。于是，他带着极大的同情立即朝夏里亚宾住的旅馆赶去。“真遗憾，”他总是痛心地说，“真遗憾！我可怜的人儿。你当然不能演唱了。我这就去通知取消今晚的演出。你虽然要损失几千美元的收入，但跟你的名声相比，那也算不了什么。”

听了哈洛克的这番话后，夏里亚宾会发出一声叹息，然后说道：“索尔，也许你最好晚些时候再过来看看。下午5点钟来，看我那时的情形怎么样。我也许那时候会好一些。”

到5点钟的时候，哈洛克又会带着深深的同情冲向夏里亚宾的宾馆。他会再次坚持取消演出，夏里亚宾又会叹气说，“噢，你最好过会儿再来看我吧。也许过会儿我会好点儿。”

到7点半的时候，这位低音歌唱家终于答应演唱，条件就是哈洛克先生得去台上向听众宣布，说夏里亚宾患了严重感冒，嗓子不好。哈洛克总会装着答应那样去做，因为他知道这是唯一能让夏里亚宾登台演唱的办法。

亚瑟·I. 盖茨博士在其了不起的《教育心理学》一书上写着：“人类通常渴求同情。一个孩子会急切地展示自己受伤的地方或者故意割伤、撞伤自己以博得巨大的同情。为了相同的目的，成年人……会向人出示自己的一处处撞伤、讲述自己的种种意外事故、所患的种种疾病，特别是外科手术的细节。从一定程度上看，对或真或假的不幸事件表现出的‘自怜’几乎是众人的习性。”

所以，你若想赢得他人赞同你的看法，不妨试一试……

原则 9

赞同对方的想法和欲望。

人皆喜欢的动机

我是在密苏里州的杰西·詹姆斯县的边上长大的，我还曾经参观过密苏里的卡尼农场，当时杰西·詹姆斯的儿子还健在。

他妻子给我讲了不少故事，说杰西当年是如何劫火车、抢银行，然后把抢来的钱布施给邻近的农夫以便赎回典押物品。

正如当代的达奇·舒尔茨、“双枪”克劳利、阿尔·卡彭以及众多其他有组织犯罪“教父”一样，当时的杰西·詹姆斯也许在内心深处以为自己是个理想主义者。事实就是，凡你所见到的人都会高看自己，按照自己的理解去成为自己想象中的优秀而无私的人。

J. 皮尔邦特·摩根在他的一篇分析性文章中说道，人做一件事通常有两个理由：一个好听的，一个真实的。

做事的人会想到那个真实的理由。我们无须强调那一点。而人，在内心深处是个理想主义者，喜欢思考的是那听起来好听的动机。所以，要改变他人就要迎合高尚的动机。

那种方法是不是太理想化而不能用于商业实践呢？让我们试试看。那就以宾夕法尼亚州格诺尔顿的汉米尔顿·J. 法诺尔的情况为例吧。法诺尔先生就职于法诺尔—米切尔公司。他遇到一位不满意的房客，租约还有 4 个月才期满，却威胁说要立即搬走。

“那些房客整个冬天都住在我的公寓里，这段时间的费用是最昂贵的。”法诺尔对班上学员说道，“我知道如果他们搬走了的话，我很难在秋季前把这套公寓再租出去。眼看这租金就要泡汤了，请相信我，我当时真是气极了。”

“嗯，依照我平时的脾气，我早就跟那位房客干上了，还要他好好地把租约看一遍。我一准向他指出，如果他现在搬走的话，那我就得把那 4 个月的租金全部收清才能让他脱身。

“可是，这次我没有大发雷霆，也没跟他争吵，而是决定试着采取别的手段。我的开场白是这样的：‘多伊先生，’我说道，‘我已经听了你的情况，可是我认为你不是真要搬走。我多年从事租赁行当，也学到了一些有关人性的知识。我看出你是一位说话有信用的人。事实上，我非常确信这一点，所以我敢打赌你就是这样的一个人。’

“‘现在我有一个建议。把你的决定先搁置几天，不妨再考虑一下。从今天起，到下个月一号你缴房租之日，如果你告诉我说还是决定要搬走的话，我答应你一定接受你的最终决定。我会让你离开，同时承认自己的判断是错的。不过，我仍然相信你是个讲信用的人，会遵守自己立下的契约。我们到底是人还是动物，那选择通常都在我们自己的手里。’

“果然不出我所料，第二个月那天一到，这位先生亲自来看我，并缴了房租。他还跟我说，这件事已跟他太太商量过，并决定继续住下去。他们得出的结论是，唯有履行租约才是件光彩的事。”

已故的诺斯克利夫爵士在一份报纸上见到自己并不愿意刊登的一张照片，于是就写了一封信给那家报社的编辑。“请别再刊登我那张照片。我不喜欢。”可他说过这样的话了吗？不，他没有，他求助于一种更高尚的情感。他诉求于人人都对自己母亲敬重和爱戴，他这样写道：“由于家母不喜欢那张照片，敬请贵报以后不要再刊登出来。”

约翰·D.洛克菲勒想阻止报社记者偷拍他的孩子们，他也求助于一些更高尚的情感。他并没有说:“我不想让孩子们的照片刊登出来。”他根本就没那么说过。他诉求于我们每一个人内心潜在的不愿意伤害孩子的良好愿望。他说道:“小伙子们,你们知道这种感觉。你们中一些人有孩子。那么你们能理解让孩子过分见诸报端很不相宜。”

塞勒斯·H.K. 柯迪斯原本是缅因州一个贫苦人家的孩子,但后来却一跃成为《星期六晚报》和《女性家庭杂志》的老板,这注定他会赚上数百万美元。在杂志创办之初,他没法像别的杂志那样给撰稿人付稿酬,于是就诉求于他们那些更为高尚的心理需求。例如,他甚至说服创作《小妇人》的著名作家路易莎·梅·奥尔科特在其声望处于鼎盛时期为他撰稿。柯迪斯所采用的方法是这样的,他主动寄出了一张一百美元的支票,不是寄给奥尔科特,而是寄给一家她最喜欢的慈善机构。

在这一点上,怀疑论者也许会说:“这种东西对诺斯克利夫和洛克菲勒,或者对一位富于情感的小说家还行。可要是用在那些我还想收账的不可理喻之人身上,我倒想看看这玩意儿是否有效!”

你这话可能是对的。在任何情形下都生效的东西是没有的,对所有人都生效的东西也没有。如果你满意自己现在得到的结果,那为什么还要改呢?假如你不满意的话,那为什么又不试验一下呢？

不管怎样，我想你会喜欢下面这个真实的故事，是由我从前的一位学员詹姆斯·L. 托马斯讲述的：

某家汽车公司的 6 位客户拒付一笔修理费，他们没人反对所有账单，但人人都声称其中某项是错的。每一项服务做完后都有客户本人的亲笔签字，因此公司认为这是不会有错的。这就是第一个错误。

下面是那家汽车公司信用部职员索取超期款项采取的步骤，你认为他们成功了吗？

1. 他们逐一拜访每位客户，并且直接告诉对方，说他们是来索取超期账款的。

2. 他们十分清楚地表明公司是绝对正确的，而客户则是绝对错的。

3. 他们暗示公司在汽车方面要比客户本人在行得多，所以无谓的争辩还有什么用呢？

4. 结果：双方争论了起来。

这些方法中，有那么一个能让客户心甘情愿付出钱的吗？这个问题你自己也能回答。

事情闹到这种地步，汽车公司信用部主任准备诉诸法律手段，幸亏这时总经理注意到了这件事。这位总经理调查了几位欠账客户以往的付账记录，发现他们都有按时付款的记录。一定是出错了，在收款方法方面出现了巨大的错误。所以，总经理把詹姆斯·L. 托马斯叫到办公室，让他去收回那些“无法收回的”呆账。

用托马斯先生自己的话说，以下便是他所采取的步骤：

> 1. 我逐一拜访每位客户，而且是去索取一笔早已超期的账——一笔我们认为绝对正确的账。但对此我却只字不提。我解释说，我是来核实自己所在公司已做或者未做的事情。
>
> 2. 我明确表示，在尚未听完客户所讲的情况之前，我不能发表任何意见。我告诉每位客户，说公司并没有声明没错。
>
> 3. 我告诉每位客户，我只是关注他们的车；而他们比天下任何人都更了解自己的车，所以在这个问题上，他们最有发言权。
>
> 4. 我让客户发表意见，我自己则带着他们所期待的兴趣和同情听着。
>
> 5. 最后，当客户拥有良好心态后，我把整个事提出来，让他公平处置。我诉求于他们更为高尚的情感。“首先，”我说，“你应该知道，我也觉得对这件事处置很不得当。我们公司所派代表已经给你带来了

不便，困扰了你，这件事本不应该发生。我很抱歉！我代表公司方面向你道歉。就在刚才听你讲述时，我不禁被你的忍耐和公正所打动。现在，因为你十分大度、耐心，我才斗胆请你帮我一个忙。这件事你比任何人都更了解，也会做得更好。你的账单就在这儿。我知道请你核实才是稳妥的，就像你是我们公司的总经理查账一样。我请你全权做主。你怎么说都行。”

他核实账单了吗？他当然核实了，而且兴致勃勃地核实了账单。账单在150元到400元之间。但那些客户占到便宜了吗？当然，有一位！其中有位客户对有争执的款项一分钱也没付，但是另外5位客户让我们公司占到了账款的便宜。这事最精彩的地方是：我们公司竟在随后的两年中给所有6位顾客都送去了新车！

“经验告诉我，”托马斯先生说，“当你无法获取有关客户的信息时，唯一进行下去的稳妥办法，就是假定那位客户是诚恳、诚实、可靠且愿意并急于付账的，一旦他相信自己是对的。换句话说，或者说得更清楚一些，人们都是诚实的，并且愿意履行自己应尽的义务。相对而言，背离这一原则的例外毕竟是少数。我相信那些故意刁难他人的人，如果你能让他们觉得自己是诚实、公道、正直的，他们在大多数情况下还是会做出良好的反应。”

原则 10

诉求于更高尚的动机。

效法影视作品的戏剧化手法

许多年以前,《费城晚报·简明新闻》受困于一场危险的谣言。一则恶意的谣言正在传播。有人告诉广告商，说这家晚报对读者失去了吸引力，因为它刊登的广告太多，而新闻则太少。须立即采取措施，制止该谣传。

可怎么行动呢?

这就是他们所采取的方法。

《简明新闻》将　天中的各种各样的阅读资料剪下、加以分类，然后以书籍的形式出版了。该书取名《一天》，共有308 页，跟一本精装书的页数差不多，然而,《简明新闻》印刷出了所有类似新闻以及专题材料，售价不是几块钱，而是几分钱。

该书的出版生动地陈述了这一事实:《简明新闻》实际上登载了大量的有趣读物，其效果远比图表、空谈更为生动，更趣味盎然，更感人。

这是戏剧化的一天。仅靠陈述事实还不够。事实仍须以生动、有趣以及戏剧化的方式来呈现。你得采用表演术。影视作品那样做，你若想得到关注，那你也得那样做。

橱窗布置专家了解戏剧化效果的力量。比如说，有一家新鼠药制造商，为销售商布置了一个橱窗，里面放了两只活老鼠。果然，在展示老鼠的那个星期内，鼠药的销售量比平时增加了 4 倍。

电视广告片里大量充斥着销售产品的戏剧化技巧方面的例证。你若在某个晚上坐下来看电视，并分析一下广告商在每个陈述中的所为，你会注意到试管里的一种抗酸药是怎样变成酸的颜色，而别的竞争者却没有，一种牌子的肥皂或者洗洁精是怎样把油腻的衬衫洗干净，而另外一种牌子让衬衫呈现出灰色。你还会看到一辆小车转过一系列弯曲道路的速度比描述的还要快得多。一张张幸福的脸庞表现出对各种产品的满足感。所有这些手法把眼下销售产品的优势都给观众进行了戏剧化表现——它们的确有助于刺激人们竞相购买。

你可以把自己的商业或者生活中任何其他方面的理念进行戏剧化。这是一件容易的事情。吉姆·叶曼斯是 NCR（国家现金出纳机）公司驻弗吉尼亚州里士满的销售代表。他讲到了自己利用戏剧化示范进行销售的经历。

“上一周，我去拜望邻近的一位杂货商，发现他的现金出纳机非常老旧。我走到老板跟前，告诉他：‘每一次顾客经过那条线时，你差不多都损失掉一些分币。’说着，我将一把分币扔到了地上。他立马显出了更为关注的神情，分币掉在地上的声音还真让他停下了工作。我因此从他那里得到了换掉所有旧机器的一张订单。”

这方法在家庭生活中也一样有效果。以前，情人向自己的心上人求婚时，只用爱的词语吗？不！他双膝跪下。那意味着他是认真的。现在我们不再双膝下跪了，不过，许多求婚者仍然是先制造一种浪漫气氛，接着提出求婚。

戏剧化手法对孩子也同样有效果。亚拉巴马州伯明翰的小乔伊·B. 方特正遇上一件难办的事：他怎么也不能让他那5岁的儿子和3岁的女儿收拾好自己的玩具，于是就发明了一列“火车”。儿子乔伊担任自己三轮车的工程师，称为凯西·琼斯上尉。女儿詹尼特的车厢挂了上去，在晚上，她把所有的“煤炭”都装进了车厢，然后跳进去，她的哥哥载着她满屋子转来转去。就这样，整个房间收拾得干干净净——根本不需要斥责、争论或者威胁。

来自印第安纳州密夏瓦卡的玛丽·凯瑟琳·沃尔夫在工作上遇到了问题，因此她决定跟自己的老板谈谈。星期一的早晨，她要求跟老板约个时间，却被告知他忙得不可开交，她可以跟他的秘书预约在本周晚些时候见面。秘书的意思是老板的时间表排得非常满，不过她会尽力为其安排。

沃尔夫女士描述了所发生的事情：

“我整个星期都没得到她的任何回答。每当我问她，她总是会给我一个老板不能见我的理由。到了星期五早上，我仍然没有得到任何音信。我实在想在周末之前跟他见面、讨论一下我的问题，于是我问自己怎样才能让他跟我见面。

“我最后是这样做的。我给他写了一封十分正式的信件。我在信中表明，我充分理解他一周都忙碌不堪，但我要跟他交谈的内容也是非常重要的。我附上了一封通函以及填好地址的信封，请他填写或请他的秘书代填，然后寄给我。这封通函是这样的：

> 沃尔夫夫人，本人可在_______日_______上午/下午_______点面见你。会见时间为_______分钟。

“我在上午11点钟把这封信投进了他的收件箱。下午两点钟，我查看了自己的邮箱。里面有我那封填好地址的信封。他亲自回答了我写的通函，表明当天下午可以见我，面见时间为10分钟。我跟他见了面，我们谈了1个多小时，解决了我的问题。

“如果我没有戏剧性地表明我想见他的这一事实，也许我还在等待安排时间呢。”

詹姆斯·B. 伯伊顿不得不做一场冗长的市场报告。他所在的公司刚为某名牌润肤霜完成了一项详细的研究。需要立刻提供市场竞争方面的数据，其潜在的客户却是广告行业中最大、最令人望而生畏的人物之一。

然而，他的第一招手法还没用上就失败了。

“我第一次走进去时，”伯伊顿先生解释说，“我发现自己偏离正道，竟去讨论无用的调查方法。他争辩，我也争辩。对方说我错了，可是我试图证明自己是对的。

“让我得意的是，我最终赢了，可是等我的时间到了，会谈也就结束了，我的努力却没有得到预期的效果。

“第二次，我没有去理会数字和资料之类的事。我直接去见那位客户，把所有事实做了戏剧化处理。

“我走进他的办公室时，他正忙着接电话。他刚打完电话，我就打开一个手提箱，把 32 瓶润肤霜全倒在他的办公桌上。他知道这些东西，都是同行的竞争产品。

“我给每瓶都贴上了一个标签，分门别类地写着同业调查的结果。每个标签都带有戏剧化的简要说明。

“结果如何呢？

“这一次没有任何争辩，却有一丝新奇的东西，一点与众不同的东西。他拿起一瓶又一瓶的润肤霜，还阅读了标签上的信息。接着，展开了一场友好的谈话。他还问了若干其他问题，表现出浓厚的兴趣。他原本只给我 10 分钟时间来陈述事实，可是 10 分钟过去了，接着是 20 分钟，40 分钟，1 个小时过去了，我们还在交谈。

“我这次陈述的跟上次是相同的事实，可是这次我采用的是戏剧化手法——表演术。瞧，所得结果多不相同啊。”

原则 11

让你的创意戏剧化。

鼓励竞争，提出挑战

查尔斯·施瓦布手下有一位厂长，他手下的工人总是完不成预计的产量。

“像你这么能干的厂长，”施瓦布问那位厂长，“竟不能让这家工厂完成预计的生产量。这到底是怎么回事?”

“我也弄不明白，”厂长回答，“我好言劝过那些工人，也逼迫过他们，还用责骂、开除等话威胁过他们。可是那些方法就是不管用。”

这次谈话发生在日夜班交接之时。施瓦布向那厂长要了一支粉笔，然后转身面向离他最近的那个工人，问道：“你们这一班今天完成了几趟？”

“6趟。”

施瓦布二话没说，就在地板上写了一个大大的“6”字，接着离开了。

当夜班的工人到来时，他们看到这个“6”，便问这是什么意思。

日班的工人说：“老板今天来过这里，他问我们今天完成了几趟，我们的回答是6趟，他就在地板上把这个‘6’字写了下来。”

第二天早晨，施瓦布又去了工厂，发现夜班工人已把“6”字抹掉，改写成一个大大的“7”字。

当日班的工人第二天报到上班时，他们看到地上一个巨大的“7”字。夜班工人觉得自己的工作效率比日班工人强？那好哇，他们就要让夜班工人瞧瞧自己的厉害，他们齐心协力加油干。那天日班结束时，他们留下了一个霸气十足的“10”字。情况就这样渐渐好转起来了。

没有多久，这家原来生产量大为落后的分厂，比公司里其他任何一家分厂的生产量都多。

这是采用了什么原则？

就让查尔斯·施瓦布自己来解释吧：“把事情做完的方法就是，”施瓦布说道，“鼓励竞争。我不是说那种利欲熏心的、只顾赚钱的方法，而是那种超越他人的欲望。”

超越他人的欲望！挑战！迎接挑战！一种诉求于有血性之人永不失效的方法。

如果没有挑战，西奥多·罗斯福绝不可能坐上美国总统的宝座。这位勇士刚从古巴回来便被推举为纽约州的州长。可是他的反对者却发现他不再是纽约州的合法居民。见此，罗斯福十分惊恐，心生退意。当时，来自纽约州的美国议员托马斯·克里尔·普拉特发出挑战。他突然转向罗斯福，掷地有声地喊道：“难道圣胡安山的英雄是个胆小鬼？”

罗斯福挺身迎战，余下的都成了历史。一场挑战不仅改变了罗斯福的一生，而且对他国家的未来也产生了十足的影响。

“人人都有恐惧，但勇敢之人会放下恐惧，奋勇前进，有时会走向死亡，但总会走向胜利。”这是古希腊国王禁卫军的座右铭。战胜那些恐惧的机会，除了更大的挑战还有什么呢？

阿尔·史密斯在担任纽约州州长期间就面临过极大的挑战。魔鬼岛的西端是臭名昭著的、连典狱长都没有的星星监狱。穿过监狱高墙的各种丑闻以及恶毒谣言此起彼伏。史密斯需要一位铁腕人物去治理星星监狱。可是谁能胜任呢？他召见了新汉普顿的路易斯·E. 罗斯。

“你去接管星星监狱如何？”他愉快地跟站在面前的罗斯

说道，“那里需要一个有经验的人。”

罗斯惊得目瞪口呆。他深知星星监狱危机四伏。这可是由难以捉摸的政治奇想决定的一项政治任命。那里的典狱长一换再换，其中一位竟然只干了 3 个星期。他得考虑自己的前途。值得冒这个险吗？

一见他那犹疑不决的样子，史密斯往椅背一靠，微笑道：“年轻人，”他说道，“你害怕，我不会怪罪。那地方确实是个烫手的山芋。要去那儿接任，并且待下来确实需要一个了不起的人才行。”

史密斯是在下一封挑战书，不是吗？罗斯打心眼儿里喜欢尝试那种需要“了不起的人”才行的工作。

于是他去了，还在那里长久地留了下来，成为当时最著名的典狱长。他的那本《星星监狱的两万年》销量高达数千万册。他所做的电台广播节目以及所写的狱中生活故事被拍成了几十部电影。他对罪犯的“人性化”教育为监狱改革创造了奇迹。

闻名遐迩的费内斯通轮胎及橡胶公司创办人哈维·S. 费内斯通说过：“我从未见过仅凭工资就能聚集或者笼络住优秀人才的，但我认为工作本身就可以。”

伟大的行为科学家弗雷德里克·赫尔兹伯格同意这一看法。他对工厂工人以及公司高级管理人员等数千人做过深入的研究。你认为他发现的最激励人的因素——也就是工作中最刺激人的是什么？金钱吗？良好的工作条件吗？附加福利吗？不，一个都不是。最激励人的因素是工作本身。如果工作既令人兴奋又让人感兴趣，那么工人都期待着去做并且把它干好。

这就是每个成功人士的最爱：情趣。自我表现的机会。证明自我价值、超越、胜过他人的机会。正因为这些，才促成了竞走比赛、唤猪比赛、吃饼比赛等等。超越的欲望，自重感的欲望。

原则 12

鼓励竞争，提出挑战。

小结

总而言之，赢得他人赞同你的看法须遵循的 12 条原则为：

原则 1

争辩中最能得益的唯一方法就是避免争论。

原则 2

尊重他人的意见，切勿说“你错了”。

原则 3

如果你错了，迅速而明确地承认。

原则 4

以友善的方法开始。

原则 5

让对方立刻说“是，是”。

原则 6

让他人多说话。

原则 7

让对方觉得这是他的创意。

原则 8

真诚地从他人的角度看待事物。

原则 9

赞同对方的想法和欲望。

原则 10

诉求于更高尚的动机。

原则 11

让你的创意戏剧化。

原则 12

鼓励竞争，提出挑战。

第四章　领导风范：不动声色地改变他人

从称赞和真诚的欣赏入手

卡尔文·柯立芝总统执政时，我朋友在一个周末应邀到白宫做客。他走进总统私人办公室，正好听到柯立芝跟一位秘书说道："你今天早上穿的连衣裙真漂亮。你真是位年轻漂亮的女士。"

对一向沉默寡言的柯立芝总统来说，那可能是他一生中给予一位秘书少有的溢美之词了。此话说得非同一般，也说得出人意料，那位秘书脸上顿时红了起来。总统接着又说："别难为情。我刚才说那话，是想让你高兴。从现在起，我希望你更注意标点符号。"

他采用的方法也许过于显眼了些，可是对心理学的把握却是巧妙之极。我们先听到他人对我们优点的称赞，然后再听到其他不愉快的事情就更容易接受一些。

理发师在给人修面之前要先抹一层肥皂水。远在1896年，麦金利竞选总统时正是这样做的。当时共和党的一位要员撰写了一篇竞选演说辞，他觉得即使西塞罗、帕特里克·亨利及丹尼尔·韦伯斯特加在一起也未必能写得比这还好。此人极其高兴，对着麦金利把这篇不错的演说辞大声朗读了一遍。该篇演说辞虽然有不少优点，但就是不能用——它可能会引来巨大的批评。麦金利不想伤害他的感情。他不能扼杀此人的热忱，可是又不能不说“不”字。现在，请注意他是如何巧妙地达到目的的。

“我的朋友，这真是一篇精彩绝伦的演说辞，”麦金利说道，“没有人比你写得更好了。对许多场合而言，这确实是一篇非常适用的演讲稿，可是在这一特殊的场合是不是很适用呢？从你的立场来讲，那是非常正确而慎重的。但我必须从党派的角度来考虑其后果。你现在就回家去，按照我所提出的那几点建议，再写一篇，并送一份给我。”

他照此去做了。麦金利用蓝笔把他的第二稿做了修改，结果麦金利在那次竞选活动中成为最成功的演讲人之一。

以下是亚伯拉罕·林肯所写的第二封最著名的信件。（他最著名的那封信件是写给毕克斯贝夫人的，为她5个儿子都殉职于战场而表示哀悼。）林肯那封信可能只花了5分钟时间，可在1926年公开拍卖时，其售价高达12000美元。顺便说一句，这个数目比林肯50年的辛勤工作所能积蓄的钱还多。这封信是林肯在1863年4月26日美国南北内战最黑暗的时期写给约瑟夫·胡克将军的。在长达18个月的时间里，林肯的将领们带着联军屡战屡败。举国一片震惊。数以千计的士兵临阵脱逃，甚至连参议院的共和党议员也起了叛逆之心，想把林肯逼出白宫。“我们现在已到了毁灭的边缘，”林肯说道，“我似乎觉得就连上帝也在反对我们，我看不到一丝希望。”这封信就是在如此悲凉伤感、混乱不堪之时写出来的。

这位将军的行为关系着国家的命运。以下这封信表明了林肯是如何改变这位倔强的将领的，这便是我将其摘录于此的原因。

这也许是林肯接任总统后措辞最尖锐的一封信。不过，你一样会注意到他在谈及胡克将军的严重错误前先称赞了他一番。

是的，那些都是严重的错误，可是林肯并没有那样说。林肯更为保守，更具外交策略。他写道：“在有些方面，我对你不是很满意。”巧妙之言！加上外交策略！

以下就是写给胡克将军的信：

我将你置于波特马克军队之首。当然，我这样做是基于我自己的种种充分理由。不过，我认为你最好也该明白，在有些方面，我对你不是很满意。

我相信你是一位善战的军人，就这一点而言，我很是喜欢。我也相信你没有把政治和职守混为一谈，这方面你是对的。你对自己有信心，作为一种品质，即便这算不上不可或缺的，那也是有价值的。

你雄心勃勃，这在合理范围内是有益而无害的。不过，我认为，在伯恩赛德将军统领军队期间，你只顾你的雄心，并对他极力阻挠。在这方面，你对国家、对一位极有功勋而可敬的同僚军官犯下一个巨大的错误。

最近有人疯传你说军队和政府需要一位独裁者，这些传言是如此生动，我都快相信这种说法了。尽管如此，但我并非出于这一考虑才给你指挥权。

只有获胜的将领才有可能擅当独裁者。我目前对你的期望是军事上的胜利。我到时自会冒独裁之险的。

政府将会尽其所能支持你，就像一如既往地支持其他将领一样。你灌输于军队的那种批评以及不信任上司的思想，我深恐这会落到你自己身上。我将竭力帮助你消除这一影响。

军队中如果有这种思想存在，无论是你，还是拿破仑，如果他还活在这世界上，都不可能从中得什么益处。切莫轻率，拿出饱满的精力和高度的警惕奋勇前进，为我们赢得一次又一次的胜利。

你可不是柯立芝、麦金利，或者林肯那样的人物。你想知道的不过是这种哲理对你的日常商务接洽是否管用。那管用吗？我们试试看。我们不妨以费城瓦尔克公司的W.P.高沃为例。

华克公司承包建造费城的一座办公大楼，并要求在规定时间内竣工。该工程一切都进行得十分顺利。就在这座建筑物行将完工之际，负责外墙装饰性铜件的分包商突然说他不能如期交货。什么！整个工程都得停顿下来！那可是要交付巨额的罚款！承担惨重的损失！就因为一个人！

无数个长途电话。你来我往的争辩！激烈的对话交锋！一切都是白搭。于是高沃先生受派前往纽约去“铜狮窝里拔须”。

高沃刚被引见给分包商的公司总裁就说道：“你的姓名在布鲁克林可是绝无仅有，你知道吗？”这位总裁十分惊讶地答道：“不，我不知道。”

高沃说道："哦，我今天早上一下火车，就在电话簿里查找你的地址，发现布鲁克林市里就你一个人叫这个名字。"

分包商说道："我从来没有注意过。"于是他饶有兴趣地查看起电话簿来。他很骄傲地说："嗯，还真是个不同寻常的姓名。我的祖先原籍荷兰，差不多200年前到了纽约。"他接着就其祖先和家世谈了几分钟。等对方谈完之后，高沃先生恭贺他拥有一家庞大的工厂，还说在他所拜访过的类似工厂中，这一家无与伦比。"这是我见过最干净、最整洁的一家铜制品工厂。"高沃先生说道。

"为了建立这家工厂，我花去毕生精力，"分包商说道，"我很是引以为荣。你愿意参观一下这个厂子吗？"

在参观期间，高沃先生盛赞对方的制作系统，且告诉他比别的竞争对手的优越之处。高沃先生同时也赞许几种特殊的机器。这位分包商声称那几种机器是他自己发明的。他花了很长时间来展示这类机器的操作情况和制作出来的优秀产品。他坚持要带来访者一起吃午餐。请注意，直到现在，高沃对自己这次来访的用意还只字未提。

午餐后，那位分包商说道："现在，我们言归正传吧。当然，我知道你来此地的目的。可是我真想不到我们的会面竟如此愉快。你可以先回费城，我保证你的订货会如期制作出来，并运到你们那里，哪怕是推迟一下其他订单。"

高沃先生没有提出任何要求就得到了他想要的东西。那些材料全部如期运到，那座大楼也在合同规定日期内得以竣工。

如果高沃先生当时采用了榔头加火药的方法，能达到这样的效果吗？

多萝西·鲁布卢维斯基是新泽西州福特蒙茅斯联邦信用合作社的一位分行经理。她跟班上的学员谈到了自己是如何成功帮助一位职员提高工作效率的。

“我们分行最近雇用一位年轻女士做实习出纳。她跟客户的关系十分融洽，在处理个人账目往来方面做得精确而有效。但一天结束扎账时出了问题。

“主管出纳跟我强烈建议要解雇那位女士。‘她扎账的速度太慢，耽搁了其他所有人。我不知教了她多少遍，可她就是不明白。她一定得走人。’

“第二天，我注意到她在处理正常的个人往来账目方面既快又准。对待客户也十分和蔼。

“不过，我很快就发现她扎账所遇到的麻烦。下班后，我过去跟她进行了交谈。她显然十分紧张而不安。我表扬了她对客户的友善和和蔼，还称赞她在处理账户时的精确和快速。接着我建议我俩一起回顾一下现金账目平衡程序。意识到我对她有信心，她十分轻松地接受了我提出的建议，并且很快就掌握了这一程序。从此，我们分行再没因为她而有任何麻烦。”

拿表扬来开场就像牙科医生先用盐酸普鲁卡因麻醉一样。病人尽管需要钻牙，但盐酸普鲁卡因却能起到止痛效果。领导者会采用……

原则 1

从称赞和真诚的欣赏开始。

巧妙批评，不致怨恨

一天中午，查尔斯·施瓦布正从他的一家钢铁厂经过，突然看到几名员工在吸烟。然而，他们的头顶上方就悬着一块“严禁吸烟”的牌子。施瓦布是不是指着那块牌子，对那些员工说道：“你们不识字吗？”不，没有。施瓦布没那样做。他走到那些人面前，给他们每人发了一根雪茄，说：“伙计们，如果你们能到外面吸烟，我会感激你们的。”那些员工已知道自己违反了规定——可是他们钦佩施瓦布，他不但对此事只字未提，反而还送给了他们每人一根雪茄，让他们得到一种自重感。你没法不喜欢这样的人，是吗？

约翰·瓦纳美克也采用过同样的技巧。瓦纳美克过去每天都要到他在费城的百货公司一次。有一次，他看到一位客人在柜台边等着，可就是没有人去招呼她一下。售货员在哪儿呢？哦，原来他们聚到柜台远处一角，谈笑风生。瓦纳美克二话没说，悄悄溜进柜台里，亲自接待起那位女顾客，为其结账。他把货物交给售货员去包装，之后就走开了。

人们常常批评公务员不接触选民。他们是忙人，问题有时就出在那些保护心理过度的助理身上，他们不想过多的来访者带给自己的老板不必要的负担。佛罗里达州的奥兰多市是迪士尼乐园的故乡。卡尔·朗福德曾多年在该市任市长一职，他经常告诫下属要允许人们跟他见面。声称自己采用的是“开门”政策，然而他所在辖区的市民仍旧在上访时受到秘书和工作人员的阻挠。

这位市长最终找到了一个方法。他把自己办公室的门拆掉了！他所有助手都领会到了这一信息的含义。自从他的门被拆除之后，这位市长实现了真正的开门办公。

简单地变动一个3个字母组成的字（即but或者and——译者注），常常会带来失败与成功的区别，而又不至于得罪他人或者引起憎恨。

许多人在批评他人之前拿表扬开始，继而用“但是”，并以一个关键性的陈述结尾。比如说，为了改变一个小孩学习马虎的态度，我们或许可以说：“你这学期成绩提高了，我们真的为你感到骄傲，约翰尼。但是，假如你在几何方面更用功一些，其结果一定会更好一些的。”

在这种情况下，约翰尼在听到“但是”之前或许会觉得自己受到了鼓励。接着他或许怀疑原来那句话的诚意。在他看来，这种表扬原来只是为映射失败而设定的一个引子。可信度一受到曲解，我们或许达不到改变约翰尼学习态度的目的。

通过把“但是”改成“不过”，这个问题就可以轻松地解决了。“你这学期成绩提高了，我们真的为你感到骄傲，约翰尼。不过，如果下学期同样认真努力，你的几何分数一定会跟其他同学一样好。”

这下，约翰尼会接受表扬，因为这里没有暗示失败。我们期待间接改变他行为的努力也引起了他的注意，他多半会努力不辜负我们的期望。

对那些憎恨任何直接批评的敏感人士而言，间接地让他们注意自己的错误更能产生奇效。玛奇·雅各布来自罗得岛州的伍恩索基特。她跟培训班同学讲到了如何说服一些邋遢的建筑工人。他们在扩建她的房子时不打扫清洁。

在他们刚开工的前几天，雅各布太太上班回家后发现院子里到处散落着锯断的木材废料。她不想跟这些建筑工人对立，因为他们做的工作很出色。于是在他们回家后，她和几个孩子就把那些木块捡起来，整齐地堆在一个角落里。第二天早上，她把工头叫到一边，然后说道：“门前草坪在昨晚保持的样子真让我高兴，很干净整洁，不会让邻居看了刺眼。”从那天起，工人们都把废料捡起来堆到一边，每天下班后，工头会来检查草坪是否干净整洁。

部队预备役人员和正规部队教官之间存在一些分歧，其焦点在于发型。预备役人员认为自己是平民（多半时间他们确是平民），因此讨厌留短头发。

美国第 542 部队预备役学校军士长哈里·凯萨，在跟一群预备役士官工作时亲自处理过这个问题。作为一名老作派的正规军军士长，他本可以带着威胁的口吻朝着军队高声喊叫，然而他却选择了间接展示自己的观点。

“先生们，”他发话了，“你们都是领导者。以身作则可以起到最佳效果。你们必须率先垂范。你们知道军队有关发型的种种规定。尽管我的头发比诸位还要短些，但我今天还是要理发。你们不妨照一照镜子，如果你们觉得需要理发才能起到模范作用，那我们就安排时间去营地的理发店。”

其结果可想而知。几名军官的确照了照镜子，当天下午就去了理发店，剪成了“规定”的发型。第二天早上，凯萨军士长评论道，他在这班人中能够看到领导素质的培养规范。

1887 年 3 月 8 日，能言善辩的亨利·瓦德·皮切尔去世了。随后的那个星期天，里曼·阿伯特应邀接替皮切尔布道。

他竭尽所能，事先写好了布道稿，就像福楼拜那样一再仔细修改、润色，才把那篇稿子完成。然后，他读给他的夫人听。可是这篇布道文就像多数演讲一样很差劲。如果他的夫人没有足够判断力，那她一定会这样说："里曼，这篇演讲稿糟透了，那绝不能用。你这样讲的话，会让听众昏昏欲睡的。它读起来简直就像百科全书一样。你布道这么多年，理应明白。老天爷啊，你为什么不像平常人一样讲话呢？为什么不自然一些呢？如果你那样去讲，你会让自己蒙羞的。"

她只是可能这样说而已！如果她真这样说了，你知道后果会怎样，她也知道。她只是暗示，如果把那篇布道文发表在《北美评论》上，一定是一篇极好的文章。换句话说，她既赞美丈夫的文章，同时又暗示了他那篇演讲稿不适合布道用。里曼·阿伯特明白了他妻子的暗示，把他那篇经过细心准备的演讲稿撕了个粉碎。他做了个不带讲稿的布道。

纠正他人错误的有效方式是：

原则 2

间接地让人注意到自己的过错。

先谈自己的错误

我的侄女约瑟芬·卡耐基到纽约来做我的秘书。约瑟芬19岁，3年前中学毕业，她仅有一点点处世经验。她最后成了苏伊士运河以西最能干的秘书之一。可在刚开始的时候，她的能力大有进步的余地。有一天，当我正待批评她时，我自言自语道："且慢，戴尔·卡耐基。等一等。你的年纪可比约瑟芬大1倍，你处事经验可比她多过1万倍。你怎么可能指望她跟你拥有一样的观点、一样的判断力、不亚于你的独到见解呢？何况你的这一切也可能很平庸啊。等一等，戴尔，你19岁之时又在干些什么呢？记得你曾犯过的那些愚蠢的错误吗？记得你曾犯这个错、那个错吗？"

真诚而公平地想过这些后，我发现19岁的约瑟芬比当年的我要强多了。在这一点上，我很抱歉地承认，这对约瑟芬不公平。

在那之后，当我打算让约瑟芬注意自己的错误时，我总是这样开始的："约瑟芬，你犯了一点错，可是上帝知道，那并不比我所犯的更糟。你的判断并不是与生俱来的，那只能从经验中得来。何况你比我在你这个年纪强多了。我一直自责自己犯过很多可笑的错误。我绝不想批评你，或是别的任何人。可是如果你照这样去做，是不是更明智一点呢？"

如果批评的人先谦卑地承认自己也并非无可指责，那么听取别人指出你所犯的错误就比较容易了。

加拿大马尼托巴省布兰顿市的工程师 E.G. 迪里斯通不满意自己的秘书。在他口述的信件送来让他签字时，每一页上总有两三个拼写错误。迪里斯通讲到了自己是如何处理这件事的：

"就像许多工程师一样，我的英语或者拼写历来就不怎么样。多年以来，我一直留着一个黑色的小索引本以便查阅我难于拼写的单词。显然，仅凭指出错误是不会让我秘书去多多校对或者查阅词典的。这时，我决定采用另外一招。当我注意到第二封信有错的时候，我跟秘书一起坐下来，说道：

"'不知怎的，这个词看上去不大对劲儿。这也是我老遇上麻烦的一个词。就因为这样，我才开始查阅我这本拼写书。（我打开书，翻到那个词所在的页码）。对了，就在这儿。我对自己的拼写很在意，因为人们确实爱用我们的信件来评判我们，而拼写错误让我们显得不那么专业。'

"她是否采用了我的方法，我不得而知。但自从那次交谈后，她拼写错误出现的频率大为降低。"

文质彬彬的伯恩哈特·冯·布罗亲王早在 1909 年就深刻体会到这种方法极其必要。冯·布罗当时是德国的首相，坐在皇位上的是威廉二世。威廉二世——威廉，目空一切；威廉，高傲自大；威廉，德国皇帝中的最后一位；他建立了强大的陆军、海军，自吹足以打败一切敌人。

随后，发生了一件惊人的事情！这位德国皇帝说了一些令人难以置信的话，震撼了整个欧洲大陆，甚至影响到世界各地。最为糟糕的是，这位德国皇帝是在做客英国、面对观众时发表这些可笑、自傲、荒谬言论的。他还授意在《每日电讯》报上发表出来。例如，他说德国人中唯有他对英国人心存友善，还说他正在建造海军以对付日本的威胁。德皇威廉二世还表示，让英国免受法、俄两国屈辱的就他一个人。他说，正是他的战役计划才使得英国罗伯茨爵士在南非战胜了布尔人等等。

在这一百年之内的和平时期，欧洲君王中没有一位说过这等惊人的话语。当时，整个欧洲骚动得就像捅了马蜂窝似的。英国愤怒了，德国的政治家们为之愕然。在这片惊慌之中，这位德皇感到有些慌张，便向时任首相的冯·布罗亲王暗示让他代为受过。是的，这位德皇想要冯·布罗宣布承担这一切责任，说是他建议自己说出那些令人难以置信的话的。

“不过，陛下，不管是德国人还是英国人，恐怕都不相信我会建议陛下您去说出那些话。”冯·布罗亲王抗辩道。

冯·布罗亲王这话刚一出口，立刻发觉自己犯了一个严重的错误。这位德皇大发雷霆。

他咆哮道：“你认为我是一头笨驴，竟会犯连你也不可能犯的错误！”

冯·布罗亲王知道本该在谴责之前先加以称赞，但由于为时已晚，于是只好采取了第二步努力——批评之后加以赞美。结果，产生了奇效。

冯·布罗亲王恭敬地答道：“陛下，我绝对没有那个意思。您在许多方面都远胜过我。当然不只是在海、陆两军方面的知识，尤其是在自然科学方面。每当陛下谈到晴雨表、无线电报或是X射线时，我总是由衷地敬佩。我在自然科学方面知道得实在太少，对化学、物理更是一窍不通，连极普通的自然现象也不能解释，对此，我是羞愧至极。不过，”冯·布罗继续说道，“作为补过，我稍微知道一些历史知识，拥有一些可用于政治，尤其是外交方面的素质。”

这位德皇脸上露出了笑容。那是因为冯·布罗亲王称赞了他、抬举了他，同时又贬低了自己。听了这些之后，这位德皇大概没什么不能宽恕的了。这位德皇满怀热忱地说道：“我不是常跟你讲过我俩是相辅相承而名成于世的吗？我俩应该团结一致，而且会团结一致的。”

为此他不止一次地跟冯·布罗握手。那天晚些时候，他热情高涨，还紧握拳头大声说道：“如果有人敢在我的面前说冯·布罗的不是，**我非拿拳头揍他的鼻子不可。**”

冯·布罗亲王及时挽救了自己！他虽然是个会玩手腕的外交家，可是也做错了一件事：他一开始就应该谈及自己的短处以及这位德皇的长处，而不是暗示他是个需要他人保护的低能儿。

几句贬低自己、赞扬对方的话，就能让傲慢却受辱的德皇变成非常忠诚的朋友，试想想——日常接触中的谦逊和称赞能为你我提供多大的帮助。如果用得适当，那将在人际关系中产生不可思议的奇迹。

承认自己的错误，即使自己并未予以改正，都有助于他人改变自己的行为。这一点被马里兰州的克劳伦斯·泽尔胡森证实了。他当时发现自己 15 岁的儿子在学着抽烟。

“我自然是不喜欢大卫抽烟的，”泽尔胡森先生告诉我们，“可他的妈妈和我都抽过。我们夫妇俩一直给他树立的是极坏的榜样。我给他解释了我为什么在他那个年龄抽烟，还说尼古丁对我产生了什么样的影响，为什么难以戒掉。我提醒他我的咳嗽多么让我烦心，以及几年前他一直劝我戒烟的情形。

“我没有劝诫、威胁他别吸烟或者警告他吸烟的危害。我所做的只是指出我是怎样染上烟瘾的以及吸烟曾给我带来的危害。

“他想了一会儿，然后决定中学毕业前不会吸烟。随着岁月流逝，大卫未再吸过烟，现在也无意要吸烟。

“经过那次交谈之后，我自己决定戒烟，还在家人的帮助下成功做到了。”

一位优秀的领导人会遵循如下原则：

原则 3

批评他人前，不妨先谈谈自己的错误。

没有人喜欢接受命令

我曾荣幸地跟美国名人传记作家协会会长艾达·塔贝尔小姐一起用餐。我一告诉她我正在写这本书，我们便开始谈论起如何与人相处这一非常重要的话题。她告诉我，在她为欧文·D. 杨写传记期间，她采访了曾跟杨先生在一个办公室同事了 3 年的人。这人声称，在那期间，他从没听到欧文·D. 杨对谁发过什么命令。杨始终是建议，而不是命令。例如，欧文·D. 杨从未说过“做这个、做那个”，或者“别做这个，别做那个”。他总会说：“你不妨考虑考虑这件事”，或者“你认为那个有效吗？”当他口述完一封信之后，经常会这样问：“你以为如何？”当他看过助理写的一封信后，他会说：“如果我们这样措辞，或者会比较好一点儿。”他总是给人机会，让他们自己去做事情；他从未告诉过助手们该做什么事情；他让他们自己去做，让他们从错误中学到经验。

那种方法让人很容易改正自己原来的错误。那种方法能让人保留自己的自尊，还有自重感。那种方法能鼓励与他人合作，而不会招致任何反抗。

由粗暴的命令引发的憎恨可能会持续很长时间，即使那项命令的发出是为了弥补一种明显的错误局面。丹·散坦勒利是宾夕法尼亚州怀俄明一所职业学校的教师，他告诉班上同学，说他有一位学生非法停车，把该校一家商店的入口挡住了。有一位教师气冲冲地走进教室，十分傲慢地问道："是谁的车挡住了行车道?"当车的主人回答时，那位教师高声叫道："把那车挪走，现在就挪走，否则我就给它套上一条链子，把它拖离那儿。"

那位学生错了。车子本不该停在那儿。不过，从那天开始，不仅那位学生反感那位教师，班上所有学生都想方设法让那位教师难受，还让他的工作不愉快。

那他可以用什么不同的方法去处理那件事呢？如果他十分友好地问："行车道上是哪位的车?"接着说如果把它挪开，别的车就能进出了，那么那位学生会十分乐意地把车挪走，他和班上的其他同学不会感到不安和气愤不平。

提问不仅让命令显得更容易接受，而且常常可以激发接受者的创造性。如果人们能参与即将发出的命令的决策，那么他们就更容易接受那项命令。

南非约翰内斯堡的伊安·麦当劳是一家小型精密机械零件制造厂的总经理。当接到一笔巨额的订单时，他确信自己没法按照承诺的交货期完成。车间已安排好的其他工作日程，完成订单所需的短暂时间使他觉得不能接受这笔订单。

他没有催促手下人加快工作速度，也没有强迫他们执行命令，而是把他们召集在一起，向他们解释了实际情况，告诉他们，如果他们能按时根据订单生产出产品来，那将对公司以及个人都非常重要。接着，他开始发问：

“为了处理好这笔订单，我们可以做点什么吗？”

“有谁能想出什么别的方法通过车间加工，使我们能接下这笔订单呢？”

“有没有办法调整我们的时间或者人员管理？”

雇员们想出了很多主意，还坚持让他接下这笔订单。他们对待这事的态度是“我们能完成”，这笔订单就此接了下来，并按时完成并交了货。

一位重视效率的领导人会采用：

原则 4

提问，而不是直接下命令。

给他人留下面子

数年前，美国通用电气公司遇到一件十分敏感的事，那就是他们打算撤掉查尔斯·斯坦梅茨的部长职位。斯坦梅茨在电学方面算得上是位一等一的天才，作为会计部部长，他却是个失败者。然而，公司不敢得罪他，他对公司来说是不可或缺的，但同时他又非常敏感。于是就给他一个新的头衔，让他担任通用电气公司的顾问工程师——他现在正在做的其实就是这项工作——让另一个人接替了那个部长职位。

斯坦梅茨很高兴！

通用电气公司的主管人员也很高兴。他们以平和的手段调动了这位最为怪异的明星人物，竟然没有闹出任何不愉快的事情，因为他们让斯坦梅茨顾全了自己的面子。

让一个人顾全面子！那是多么的重要啊！可是我们中间会停下来思考这件事的人实在是太少太少了。我们随意践踏他人的感情、一意孤行、找他人的碴儿、发出威胁、当着他人的面批评一个孩子或者雇员而毫不顾及对方的自尊！然而，花几分钟的时间思考一下，再说上一两句体贴的话，真正谅解一下对方的态度，就可以大大起到解除刺痛之用。

如果我们下次非得面对辞退或者责备雇员等不快之事时，那我们不妨记住这样做。

“辞退雇员不是一件有趣的事。遭遇解雇更无趣味可言。”(这句话引自执业会计师马歇尔·A. 格朗杰写给我的一封信。)“我们的业务极具季节性。因此，当所得税核实高峰一过，我们就不得不辞掉许多人。”

在我们这一行业有一句口头禅，叫作“没人喜欢挥舞斧头”。结果就形成了一种越快越好的习惯，通常是按照如下方式进行:“请坐，史密斯先生。现在季节已过，我们似乎已没有更多的工作可让你去做。当然，你事前也明白，我们也只是在忙碌的时候才请你来帮忙的。

“这番话对这些人的影响是失望、一种被‘辜负’的感觉。他们中的多数人是终身从事会计行业的。他们对这些随意辞退他们的机构并没有什么特别的感情。

“最近，当我决定辞掉那些季节性雇员时，就多少用了一点策略和关心。我把每个人在整个冬季的工作仔细思考一遍后，再把他们叫到办公室。我大致是这样说的:‘史密斯先生，你工作得很不错(如果他真是干得不错的话)。我们派你到纽瓦克的那一次，你做的那项工作的确很有难度。你到了现场，结果干得有声有色，我们想让你知道，公司为有你这样的人才感到骄傲。你很有才干，无论你在什么地方高就，你都是大有前途的。公司很信赖你，也为你加油，希望你记住我们说过的话!’

“效果如何呢？这些被辞退的人在离开时的心情舒服多了。他们没觉得受了委屈。他们知道我们如果有工作，一定会留用他们的。当我们再聘请他们时，他们会对我们公司怀有一种强烈的个人情感。”

在我们培训班的一次课间，两位学员对挑他人刺儿的消极影响以及给人面子的积极影响进行了讨论。

弗雷德·克拉克来自宾夕法尼亚州哈里斯堡，他谈到了发生在他公司的一件事：“在我们的一次生产大会上，一位副总裁就一种生产过程向一位生产监理人提出一个十分尖锐的问题。他的语气咄咄逼人，旨在指出这位监理人的操作错误。这位监理人想在同行面前挽回尴尬局面，于是他的回答总是闪烁其词。这使得那位副总裁大发脾气，不仅责备对方，还指责他撒谎。

“在这次交锋前本可维持的任何工作关系，结果在短短的几分钟内便荡然无存。从那时起，这位原本工作很好的监理人，这下成了我们公司没用的人。几个月后，他离开了我们公司，去了一家我们的竞争对手公司，据我所知，他工作得很不错。”

另外一名学员安娜·马祖恩讲到了她上班之初发生的一件类似的事件，其处理方法和结果可是大相径庭！马祖恩女士是一家食品包装厂的市场专家，她被派去做的第一件重大任务是试销一种新产品。她对班上学员们说道："当试销结果出来时，我大为失望。我在规划上犯了一个严重的错误，结果整个测试只得重新做一遍。然而更糟糕的是，我得在一次大会上就这一项目做出汇报，而在此之前，我竟然没有时间跟老板讨论一下。

"就在我应邀做报告之前，我吓得发抖。我铆足了劲儿才没有崩溃。不过，我决心不掉眼泪，以免让所有男士把女性看扁了，说她们过分情绪化，干不好管理工作。我简短地汇报了一下，说由于出了差错，我会在下一次开会前重复那项调查。我坐下来，等着老板大发雷霆。

"让我没想到的是，他感谢我所做的工作，还说一个人做新项目出错再正常不过了，说他对我有信心，相信重做的调查一定会精准并且对公司极富意义。他在所有同事面前说他信任我。我知道自己已经尽力了，也知道自己缺乏经验，而不是缺乏能力，所以才导致了这次失败。

"我昂着头离开会议室，暗下决心一定不能再让老板失望。"

即便我们知道自己是对的，而对方完全是错的，让他人丢掉面子只会使我们失去自我。法国航空的传奇开拓人兼作家安东尼·德·圣埃克苏佩里曾写道："我无权说任何话或者做任何事，以贬损他人在自己心目中的形象。至关重要的不是我怎么看待他，而是他怎么看待自己。损害一个人的自尊是一种犯罪。”

一位真正的领导者应该始终遵循：

原则 5

给他人留下面子。

鼓励他人走向成功

皮特·巴洛是我的老朋友。他十分谙熟狗、马等动物的性情，还把自己毕生的精力献给了马戏团和杂耍表演团。我喜欢看皮特训练新狗做戏。我还注意到，每当一只狗在动作上稍有进步时，皮特会拍拍它、称赞它、给它肉吃，把它当个宝似的。

那也不是什么新鲜事。几个世纪以来，动物训练师一直都在运用这一技巧。

哎，我在想，当我们试图要改变他人时，为什么不采用训练狗那样的技巧呢？我们为什么不用肉，而是用皮鞭呢？我们为什么不用称赞，而用责备呢？哪怕一点点进步，我们也要称赞，这样才能鼓励他人继续进步。

在《我算不了什么，宝贝，我就是我》一书中，心理学家杰西·莱尔评论道："赞扬，对于人类温暖的灵魂来说，就像是阳光。没有阳光，我们就不能开花、不能生长。尽管如此，我们多数人随时把批评的寒风吹在他人身上，不知为什么却不愿意给他们施舍些许赞扬的阳光。"

回顾起自己的人生，我便意识到几句话就极大地改变了我的整个未来。难道你对自己的人生不也可以这样说吗？历史长河中满是迷人的显著例证。

比如说，多年前，一个10岁的男孩在那不勒斯的一家工厂上班。他极想成为一位歌唱家，可第一位老师却打击了他的积极性。"你不能唱歌，"老师说，"你的嗓子非常糟糕，听起来就像风吹过百叶窗的声音。"

可是，男孩的妈妈，一位贫苦的农妇却拥抱他，称赞他，还告诉他，说她知道他能唱歌，已经看出他在进步。母亲不穿鞋子，就为省下钱来给儿子支付学音乐的学费。那位农家母亲的鼓励和称赞改变了男孩儿的一生。他的名字恩里克·卡鲁索，他成了当时最伟大、最著名的歌唱家。

在19世纪早期，伦敦有位年轻人渴望成为一名作家，可是他所遭遇的一切似乎总跟他作对似的。他所受到的学校教育不过4年，他父亲因为还不起债而锒铛入狱。这位年轻人常常受到饥饿的煎熬。最后，他在一个老鼠满地跑的货仓里找了份工作，给墨水瓶贴标签。晚上，他跟另外两个男孩——

来自伦敦贫民窟的流浪儿，住在一间黑暗的阁楼里。他对自己的写作能力没一点儿信心，因此趁着黑夜溜出去，把自己的第一篇稿子投入邮箱，以免让人讥笑。他写的故事一次又一次地被退了回来。不过，可喜的一天终于来临，他有一篇稿子被录用了。说实在的，他连一先令的稿费也没得到，但却得到了一位编辑的赞许。一位编辑认可了他。这位年轻人高兴极了，他漫无目的地走在街上，泪流满面。

由于一个故事的刊登而得到的称赞和承认改变了他的一生。若不是那次鼓励，这位年轻人可能会在那满是老鼠的货仓里干一辈子。你或许听说过那位年轻人的名字，他就是查尔斯·狄更斯。

另一位伦敦小伙子靠在一家干货店铺里帮工度日。他早晨 5 点钟就得起床打扫店铺，每天干 14 小时的苦工。那活儿实在太苦，这个小伙儿很不喜欢。干了两年后，他实在无法忍受。某天早晨，不等吃早餐，他一口气走了 15 英里（24 千米），去找给人做管家的母亲。

他像发疯似的，一边哀求母亲一边哭泣。他发誓说，如果还在那家店铺继续干下去，他就会自杀的。随后，他给自己的老校长写了一封长长的悲切的信，说他心已破碎，不想再活下去了。老校长给了他些许称赞，说他非常聪明，还给他提供了一个教师的职位。

那些许称赞改变了那位年轻人的未来，并在英国文学史上留下一个永不磨灭的印迹。因为那位年轻人此后写出了无数部畅销书，用自己的笔赚取了100多万美元。你或许知道他是谁，他的名字叫H.G.威尔斯。

B.F.斯金纳学说的基本理念就是只赞扬而不批评。这位当今伟大的心理学家对动物和人类所做的试验表明，当批评最低化，赞扬最大化时，人们所做的好事将会得到巩固，坏事因无人关注而减少。

约翰·林格斯堡来自北卡罗来纳州落基山，在跟自己的孩子们打交道时就采用了这一理念。在许多家庭中，父母跟孩子们交流的主要形式似乎就是冲着他们吼叫。但是，在多数场合，每当父母这样发作一次，孩子们不仅没变好一点儿，反而变坏了一点儿，父母也是这样。这一问题看来似乎就没个了结的时候。

林格斯堡先生决定采纳在我们培训班上学到的一些原则来解决这一问题。他说："我们决定赞扬孩子们，而不是找他们的碴儿。当我们见到他们干的尽是一些负面的事，要赞扬他们确实不容易。想找出一些可赞扬的事情真是太难了。我们总算找着了一点儿，结果在起初的一两天里，他们不再干出些让人心烦的事。他们另外一些缺点也逐渐消失掉了。他们开始利用我们给予他们的赞扬。他们开始想方设法干一些正确的事情。我们夫妇俩简直不敢相信。当然，这种状态并没永远持续下去，但相比之下却是大为改观。我们夫妇俩也没必要像过去那样做出过激反应。孩子们做对事情的次数大大超过做错的次数。”所有这些都源于表扬孩子们的一点点进步，而不是斥责他们做错的事。

这对工作场合也是有用的。凯斯·罗珀来自加利福尼亚州伍德兰希尔。他在应付自己公司的情况时就采用了这一原则。一些质量非常优异的材料送达他的印刷车间。做这项工作的印刷工是一名新员工，一直有些力不从心。这种消极的态度让工头颇为不安，于是就有了辞退这名员工的念头。

当罗珀先生获知这一情况后，他亲自来到印刷车间，跟那位年轻人进行了一番交谈。他告诉对方，说对自己刚接于的活儿很是满意，还指出对方的活儿在那段时间里是车间做得最棒的。他准确地指出对方的活儿为什么是最优秀的，还说这位年轻人对公司的贡献是何等的重要。

你认为这番交谈影响了那位年轻人对公司的态度了吗？几天之内，出现了一个 180 度的大转弯。这位年轻人给几名工友讲到了这次交谈，还说公司的某某人真的很欣赏干得好的活儿。从那天起，这位年轻人成了一名忠实而敬业的员工。

罗珀先生所做的不仅仅是抬举那位年轻的印刷工，说“你干得不错”。他明确指出了对方的活儿最优秀的地方。由于他指出了某一明确的成绩，而不是泛泛而谈地抬举，因此，他的赞扬对当事人变得更有意义。每个人都喜欢得到赞扬，但是，当赞扬具体化后，那它传达出的就是由衷之感，而不仅仅是说出来敷衍人而已。

记住，我们大家都渴望得到欣赏和认同，还会为此而不遗余力。没人想得到虚情假意，也没人想要什么吹捧。

请允许我重复一遍：**本书中所讲述的种种原则，只有发自内心才能产生作用。我本人并不提倡大耍诡计。我只是在谈论一种新的生活方式。**

再来谈谈改变他人。你我如果打算激励交往者去挖掘他们潜在的宝藏，我们能做的不仅仅是改变他们。我们几乎可以改造他们。

这话有些夸张吗？威廉·詹姆斯是美国迄今为止最著名的心理学家兼哲学家之一，我们不妨听一听他的金玉良言："若与我们应当成就的事业相比，我们还处于半梦半醒之间。我们只不过利用了我们身心资源的一小部分而已。说得宽泛一点儿，每一个人都只是生活在自己的局限中。每个人都拥有各种能力，只是由于习惯的缘故使其得不到发挥而已。"

没错，读到这几句话的你，都拥有各种能力，只是习惯使其不得利用而已。你可能没有充分利用的能力之一就是称赞他人、激励他人，使其发挥潜在的可能性。

各种能力在批评之下会枯萎，在鼓励之下却能开花。要想成为天然的领导者，请采用：

原则 6

赞扬最细微的进步，赞扬每一个进步。

“诚于嘉许，宽于称道。”

给他人一个好名声

当某位一直表现不错的工人开始马虎行事时，你会怎么办呢？你可以解雇他或者她，却不能解决任何问题。你可以责备那名工人，不过，这通常会引发憎恨。亨利·亨克是印第安纳州罗威尔一家大型卡车销售部的维修站经理。他手下一位机械师的工作越来越让人不满意。亨克先生不是冲着他吼叫或者威胁他，而是把他叫进自己的办公室，跟他进行心对心的交流。

“比尔，”亨克先生说道，“你是一位机械师。你在这个行当干了不少年头了。你修理了许多让顾客满意的车辆。事实上，对你所做的工作，我们收到了不少好评。然而最近，你完成每一件工作所花的时间更多，但所做的工作却没达到原来的标准。你一直是一位出色的机械师，我确信你该知道我对这种情形不太高兴，也许我俩可以一起想法来解决这一问题。”

比尔回答说，他一直都没有意识到自己在履行职责方面落后了，因此向老板承诺他所接手的工作没有超出自己的专业范围，今后一定努力提高自己。

他那样去做了吗？这一点你不必怀疑。他再一次成了一名做事既快速又彻底的机械师。有了亨克先生对他的期待，他除了做出可跟过去相媲美的工作外，他不可能干出别的什么。

“如果你对他人表现出尊重，或者你尊重他人某方面的能力，”时任伯德温铁路机车工厂总经理的萨缪尔·沃克伦说道，“一般人还是乐于听从你的调遣的。”

简单说来，如果你想在某一方面提高他人，那你就得表现出那一特殊的才能就是此人的优点之一。莎士比亚曾说过：“如果你没有某种美德，就假定你有。”最好是假定并且公开说明你期望对方拥有可开发的那种美德。如果你期望他人努力拥有一个非常好的名声并告诉他，那他就会不遗余力地去奋斗，而不是让你大失所望。

在其《纪念品：我和梅脱林克的生活》一书中，乔治特·雷布兰克描述了一位卑微的比利时女佣的惊人转变。

“隔壁饭店的一位女佣每天给我送饭菜，”她写道，“人们称她为‘洗碗工玛丽’，因为她起初就是厨房里的一个助手。她那副长相怪吓人的——一对斗鸡眼，两条罗圈腿，瘦骨嶙峋，总是没精打采的。

“有一天，当她给我端来一盘面时，我十分直白地对她说道：‘玛丽，你未必知道自己的内在财富。’

“玛丽平时习惯控制自己的感情，因此她迟疑了一会儿，生怕惹出什么事端来。接着，她把面放到餐桌上，叹了叹气，十分巧妙地说道：‘夫人，那些我可是连想都不敢想的。’她没有怀疑，也没有提出问题，她只是回到厨房，跟人重复了我说过的话，信任的力量真是巨大，此后便没有人再嘲笑她了。从那天起，她甚至得到了他人的些许关照。谦卑的玛丽身上发生了一种最为神奇的变化。由于玛丽相信自己身藏看不见的财富；她开始注意修饰她的面部和身体，她那枯萎的青春渐渐洋溢出生气，多少掩盖了她那平凡的外貌。

“两个月后，她宣布自己就要跟大厨师的侄儿结婚了。‘我就要做夫人了。’她对我说道，还向我道了谢。短短的一句话，居然改变了她的整个人生。”

乔治特·雷布兰克给“洗碗工玛丽”一个极好的名声让她努力去达到，正是那个名声改变了她的一生。

比尔·帕克是佛罗里达州戴顿那比奇一家食品公司的销售代表。他为自己公司正在推介的一条新进的产品生产线感到非常激动，可是，当一家独立的大型食品市场的经理拒绝提供广告机会时，他不免焦虑起来。比尔把这次拒绝思考了整整一天，决定在回家之前再去那家市场试一试。

“杰克，”他说道，“今天早上离开后，我意识到自己没能把我们那条新生产线说清楚，我很想占用你一点时间来说说我忽略的那几点。我知道你总是乐于倾听意见，也相信如果客观事实需要变化时，你一定会宽宏大量地改变主意。”

杰克能不再听一听吗？除非他不想达到他人期待他的那种声誉。

牙科医生马丁·菲杜博士来自爱尔兰首都都柏林。一天早上，当他听到一位女病人说用于放漱口杯的金属杯架不是太干净时，不觉大吃一惊。没错，那位病人是用纸杯子，而不是用杯架喝水，不过使用带污损的器具显然是不专业的。

当病人离开后，菲杜博士回到私人办公室给布里奇特写了一封短信。布里奇特是一名打杂的女佣，她每个星期来他的办公室打扫两次。他这样写道：

亲爱的布里奇特：

我很少见到你，但你一直在努力为我打扫清洁，我想我该借此机会表达我的谢意。我想顺便提一下，每星期两小时的扫除时间不算太长，因此在‘偶尔’

需要擦洗杯架之类的器具之时，请你适当多工作半个小时。我当然也会为这额外的时间付费的。

“第二天，当我走进自己的办公室，”菲柱博士说道，“我的办公桌被擦得犹如镜子一般，我的椅子也是一样，我差点从上面掉到地上。当我走进治疗室，我看到了柜子里放着我有生以来见到过的最为发亮、最为干净的镀铬杯架。我给我的女佣一种荣誉期待她达到，就因为这么一点儿暗示，她超水平发挥了自己的努力。那她在这件事上额外花了多少时间呢？说对了，一点儿也没多花。”

古谚语说：“给人坏名声，无异于吊死他。”但若给他好名声，那你看看结果如何！

露丝·霍普金斯夫人是纽约州布鲁克林的一位四年级老师。当她在新学年第一天看到点名册时，她开学之初的兴奋和快乐立刻带上了焦虑色彩。本学年中，本校最声名狼藉的“坏小子”汤米将在她的班上。他三年级时的那位老师一直不停地在同事、校长以及愿意听的人面前抱怨汤米。他不仅仅是调皮，还在班上制造各种纪律方面的麻烦：跟其他男孩打架、戏弄女生、对老师无礼。他似乎是随着年龄的增长越来越恶劣。他唯一可将功补过的优点是学得快，功课也做得很轻松。

霍普金斯夫人决定立刻迎战这个“问题汤米”。当她迎接新学生时，她给每一位都做了一个简短的点评：“罗斯，你穿的连衣裙真漂亮。”“艾丽西亚，我听说你的画画得非常漂亮。”当轮到汤米时，她盯着他说道，“汤米，我明白你是一位将才。为了让我们班在本学年中成为四年级最好的班，我希望你助我一臂之力。”在开学前几天，她一再强调这一点，不停地表扬汤米所做的一切，还说这表明他是一名好学生。有了那个可以达到的名声，连一个 9 岁的孩子都不可能让她失望，他还真没有让她失望。

如果你想在改变他人态度或行为的艰难领导职责中有所超越，不妨采用：

原则 7

给他人一个不会辜负的美名。

让错误显得容易纠正

我有一位大约 40 岁的单身汉朋友订婚了。他的未婚妻劝他参加一些看似为时已晚的跳舞课程。他讲起这一情形时对我坦然说道：“天晓得，我以前是需要学跳舞的，因为 20 年前我开始学跳舞的时候就跟现在一样。我请的第一位老师告诉了我实情。她告诉我，说我的舞步完全不对，必须从头再学起。然而那话让我灰心丧气。我无心继续学下去，于是就把她辞掉了。

“第二位老师也许一直在撒谎，可是我听起来高兴。她淡然地说我的舞步有点旧式，可是基本要领还是对的，还向我保证要学会几种新舞步不会太难。第一位老师指出我的错误因而让我灰心丧气，第二位老师恰好相反。她不断赞扬我做对的地方，弱化我出错的地方。她肯定地对我说道：‘你的节奏感十分自然，你是一位天生的舞蹈家。’可是我本人明白自己不过是个四流的舞蹈者。不过我的心里还是希望她所说的是真的。可以肯定的是，她说那些话是因我付了学费。哎，干吗还提那事呢？

“不管怎么说，要是她没有说我的节奏感自然之类的话，我知道我不可能跳得像现在这样好。那句话鼓励了我，让我有了希望，也让我自己愿意进步。”

如果你告诉自己的孩子、配偶或者员工，说他或者她在某一方面笨拙、愚蠢至极，没有一点的天资，所做的完全不对，那你就差不多破坏了他想要进取的一切动力。可是如果运用一种相反的技巧，尽情地给予鼓励，让事情显得十分容易，让对方明白你对他有信心，他的才干只是尚未开发出来而已，那么他就会为了超越而不断练习，直到胜利的曙光破窗而入。

人际关系学超级大师罗威尔·托马斯就采用过这一技巧。他给人以信心，用勇气和信任来鼓励他人。比如说，我同托马斯夫妇曾度过一个周末。在星期六晚上，我应邀坐在炉火前玩桥牌。桥牌？哦，不行！不行！不行！我不行。那个我可是一窍不通。这游戏对我来说就像一个谜中谜。不行！不行！我绝对不行！

“嗨，戴尔，这并没什么可神秘的，”罗威尔回答道，“玩桥牌只要用点记忆和判断，此外别无技巧可言。你曾写过不少关于记忆的文章，所以桥牌对你来说不过是小菜一碟。这可是你的拿手好戏。”

说时迟那时快，不等我反应过来，我有生以来第一次坐到了桥牌桌上。这全因为有人说我有玩桥牌的天赋，这种游戏也变得不那么难了。

说到桥牌，我便想起了艾利·卡尔伯冲。他所著的桥牌书籍已译成十几种语言，发行量已超过 100 万册。不过，他却跟我说，如果不是有位年轻女士告诉他，说他有玩桥牌的天赋，他一定不会从事这一职业。

当他 1922 年来到美国时，他曾打算以教哲学。或者社会学为业，结果事与愿违。后来，他做过煤炭推销，也以失败告终。

之后，他又推销咖啡，也一无所成。

他曾经玩过桥牌，但在那些年代里，他从未想到过要教授桥牌。他不仅玩得不精，而且很固执。他问了太多的问题，还在事后做出过多的剖析，结果谁也不愿意跟他一起玩牌。

后来他与美丽的桥牌老师约瑟芬·狄龙邂逅，爱上了她，还同她结了婚。她留意到他十分仔细地分析自己手里的牌，还说服他相信自己是一位潜在的桥牌天才。卡尔伯冲对我说，就是她那句鼓励的话，才使他后来成为职业桥牌专家。

克拉伦斯·M. 琼斯是我们在俄亥俄州辛辛那提培训班的一名老师。他谈到了鼓励以及让犯错显得容易纠正是如何彻底改变他儿子的。

“1970 年，我 15 岁的儿子大卫来到辛辛那提跟我一起住。他之前可吃了不少的苦。1958 年的一次车祸，使他头部划开了一条口子，额头上留下了一块非常醒目的伤痕。1960 年，他妈妈和我离了婚，他就跟他妈妈去了得克萨斯州的达拉斯。15 岁之前，他多数年头都是在达拉斯教育体制所设置的差生班上度过的。也许正是由于那块伤痕，学校管理人员才认为他脑袋受过伤，发挥不出正常水平。他比同龄孩子低了两个年级，因此只能在七年级就读，因而他不懂乘法表，靠数手指头算数，阅读能力十分一般。

“他有一个优点。他喜欢鼓捣收音机和电视机。他想成为一名电视技师。我鼓励这一点，同时指出，他需要学好数学才有接受培训的资格。我决定帮他学懂这一科目。我俩弄来4套抽认卡：乘法、除法、加法、减法。当我俩看完这些卡片后，我们就把正确答案收起来。当大卫算错一个，我就给他提供正确的答案，然后把这张卡片放进重复使用卡里，直到一张卡片也不剩为止。他认对一张时，我都会大加表扬，尤其是认对了先前认错的那张时。我俩每晚都会把重复卡片过一遍，直到一张都不剩为止。

“每天晚上，我俩都用秒表来计算作业的时间。我向他承诺，只要他在8分钟内把所有卡片回答正确，我们以后任何一个晚上都不再做这样的练习。在大卫看来，这似乎是个永远也完不成的目标。第一个晚上花了52分钟，第二个晚上花了48分钟，接着是45分钟、44分钟、41分钟，再后来全在40分钟以内。我俩在每次时间减少后都会庆祝。我会叫来我妻子，我俩会拥抱他，我们还一起跳上一曲快步舞。1个月下来，他能在8分钟内全部答对。每当他有一次小小的进步，他都会要求再来一遍。他已经惊人地发现，那学习原来既简单又有趣。

“不消说，他的代数成绩得到了飞快提高。当你会做乘法时，你就会惊奇地发现代数容易多了。有一次他的数学得了一个B，连他自己都感到吃惊。这在之前从未出现过。其他方面的种种变化也快得令人难以置信。他的阅读能力提高得十分迅速，他还开始运用自己的天赋作画。在本学年的后期，他的科学老师派他搞一场展览。他选择一系列极为复杂的模型以展示杠杆效应。其中所需技巧不仅涉及绘画和制模，而且涉及运用数学。这场展览赢得了学校科技展览会的一等奖，还参加了市里的比赛，结果赢得了辛辛那提市的三等奖。

“那可了不得了。这个孩子曾两次降级，被人认为‘大脑损伤’，同学曾戏称他为‘弗兰肯斯坦’，还有人说他的脑髓一定从头上的伤口流了出来。他却突然发现自己什么东西都能学会，什么事都能完成。其结果怎样呢？从八年级最后四分之一的时间开始，直到中学毕业，他每次都是榜上有名。在中学期间，他还入选全国优等生协会。一旦发现学习十分容易时，他的整个人生就发生了变化。”

如果你想帮助他人提高自己，请记住：

原则 8

采用鼓励的方法，让错误显得容易纠正。

让人乐意做你期待的事情

回到 1915 年，那年美国上下一片震惊：在一年多时间里，欧洲各国彼此残杀，其规模之大，为人类历史所罕见。和平能够实现吗？没有人知道。可是，伍德鲁·威尔逊总统决心尝试一番。他打算派出一位私人代表即一位和平特使前往欧洲跟那些交战国首脑会晤。

时任国务卿的威廉·杰宁斯·布莱恩极力主张和平，他非常希望为此事而奔走。他瞅准了这个大干一番、名垂青史的绝好机会。可是威尔逊总统却指派了另外一个人——自己的密友兼顾问爱德华·M.豪斯上校。豪斯的棘手任务是如何将这个令人不悦的消息告诉布莱恩而又不得罪他。

豪斯上校的日记上写着："当布莱恩听说我将以和平特使的身份前去欧洲时，他显然非常失望。他表示自己曾打算履行这一使命……

"我回答说，总统认为让任何要员公开肩负这一使命都是不明智的。**如果此人去那里，就会引起人们极大的关注**，他们不禁要问此人此行的目的……"

你明白此话的言外之意了吗？豪斯上校似乎就是在告诉布莱恩，说他的职位太重要，因而不适宜肩负那项使命。布莱恩自然就满意了。

机警而老于世故的豪斯上校在遵循人际关系中的一项重要原则：永远**让他人乐意去做你期待的事**。

伍德鲁·威尔逊总统在邀请威廉·吉布斯·麦卡杜做他

的阁员时，也运用了这项原则。那可是他能给予任何人的最高荣誉，可是威尔逊总统的做法使得麦卡杜觉得自己倍加重要。如下是麦卡杜叙述此事的原话：“他（威尔逊总统）说他正在组建自己的内阁，还说如果我愿意担任财政部部长一职，他会非常高兴。他总是把事情做得叫人十分开心。他给人的印象是，如果我愿意接受这一巨大的荣誉，那就是在帮他一个大忙。”

令人遗憾的是，威尔逊总统并未一直运用这一策略。如果他运用了，历史或许就不一样了。比如说，他让美国加入国际联盟就没能赢得参议院和共和党人的支持。威尔逊总统在参加和平会议时，拒绝带上艾利胡·鲁特、查尔斯·埃文斯·休斯或是亨利·卡波特·洛奇等著名共和党领导人，反而带上了自己党内名不见经传的人。他冷落了共和党人，不让他们觉得加入国际联盟也是他们的想法，不让他们插手此事。威尔逊对人际关系的草率处置不仅毁了自己的事业，损害了自己的健康，缩短了自己的寿命，还使美国没能加入国际联盟，从而也改变了世界历史。

“让人乐于按你的期待做事”的这一方法采用者不限于政治家和外交家。代尔·奥·费里尔来自印第安纳州的韦恩堡。他讲到了怎样让自己的一个孩子乐于做指派给他的活儿。

“杰夫的一项活儿就是把梨树下的梨捡起来，这样一来，树下的除草工就不必停下手里的活儿去捡梨。这孩子不愿去干那活儿，因此，这事要么没做，要么做得非常马虎，结果除草工还得停下来去捡那些没捡的梨子。我没有为此事跟他进行正面对抗，有天对他说道：‘杰夫，我想跟你做一笔交易。你每捡满一筐梨子，我就给你一块钱。但是，你捡完后，我再在园子里每捡一个梨子，就扣除一块钱。你看怎样？’正如你料想的那样，他不仅捡起了所有的梨子，我还得留心注意，严防他从树上摘下一些来充数。”

我认识一个人，他不得不拒绝很多人想请他做演讲的要求，如朋友、有恩于他的人，然而他拒绝得十分巧妙，结果邀请者至少会对他的拒绝感到十分满意。他是怎样做到的呢？不仅是说自己非常忙，忙这样忙那样的。绝不是。他先是感谢盛邀，接着说明自己为何不能接受，最后建议一位能代他做演讲的人。换句话说，不等他人为其拒绝感到不愉快，他很快把对方的想法转到另一个可能会接受邀请的人身上。

在德意志联邦共和国参加过我们培训班的岗特·施密特讲到了他经营的食品店的一位雇员。此人对货架上价格标签的摆放非常马虎。这引起了混乱，也招致顾客的不满。因为此事而引发的一次次提醒、警告、冲突收效甚微。最后，施密特先生把她请到自己的办公室，并告诉她自己将委任她为整个食品店价格标牌张贴负责人，她将负责所有货架价格标签。这个新的责任和头衔完全改变了她的态度，从此以后，她工作得非常让人满意。

太幼稚了吧？或许。拿破仑创建荣誉军团后，他给自己的士兵发放了15000枚十字徽章，封了18位将军为“法国元帅”，称自己的军队为“伟大的军队”。有人批评拿破仑把“玩具”拿给那些出生入死的老军人。拿破仑回答道：“人本身就是受制于玩具的。”

这种授予头衔或权威的方法对拿破仑的部下有效，对你也同样有效。比如说，纽约州斯卡斯代尔的欧内斯特·根特夫人是我的一位朋友。一群男孩常常踩踏她家的草坪，这让她大为困扰。她试过批评，也哄过他们，结果都不管用。她给这帮男孩中最坏的那位一个头衔，让他有一种权威感。她让他做她的“密探”，专门负责不让别人践踏她的草坪。这招果真有效。她那位“密探”在后面院子里生起一堆篝火，把一条铁棍烧得红红的，扬言说谁再闯入草坪就拿铁棍烫谁。

在有必要改变态度或者行为时，一位高效的领导人应该牢记如下这些指导原则：

1. 要真诚。凡是做不到的，就别允诺。忘掉自己的利益，关注他人的利益。

2. 明确自己希望他人去做的事情。

3. 有同情心，弄清楚他人真正的需求。

4. 考虑他人遵循你建议后的利益。

5. 让利益与他人的所求挂钩。

6. 当你提出要求时，要向对方传达出他能从中得益的信息。我们可能会给出类似简慢的命令："约翰，我们明天有顾客要来，我需要把仓库清理干净。所以，你去打扫一遍，把架子上的货物堆放整齐，再把柜台擦干净。"我们或许还可以表达同样的信息，让约翰感受到做这件事的好处："约翰，我们有一件事情得马上去做。**如果现在做了，我们随后就不必面对了**。我明天要带几位客户来看我们的设备。我想让他们看一看仓库，可是那里却有些不像样。如果你能打扫一下，把架子上的货物堆放整齐，再把柜台擦干净，那会让我们给人留下一个高效的印象，**为我们公司的良好形象，你将会功不可没。"**

约翰会乐于按你的期待去做吗？也许不会太乐意，但比起不指出他能得到的好处要高兴得多。假定你知道约翰以仓库整洁为荣，而且热心于维护公司形象，他更有可能持合作态度。还得跟约翰指出这项工作始终是要做的，现在去做了，省得后来还要去面对。

在采用这项原则时，如果你认为总会得到他人的积极回应，那就太天真了。不过，多数人的经历表明，采用这项原则比不采用更有可能转变他人的态度。哪怕你把成功率仅仅提高 10%，那作为领导者的你也算是比你过去提高了 10% 的效率。这就是你得到的好处。

他人会乐意去做你期待他们去做的事，如果你采用：

原则 9

让他人乐意去做你期待的事情。

小结

总而言之，作为一位领导者，他的工作常常包括改变自己属下的态度和行为。达到这一目的的建议为：

原则 1

从称赞和真诚的欣赏开始。

原则 2

间接地让人注意到自己的过错。

原则 3

批评他人前，不妨先谈谈自己的错误。

原则 4

提问，而不是直接下命令。

原则 5

给他人留下面子。

原则 6

赞扬最细微的进步，赞扬每一个进步。“诚于嘉许，宽于称道。”

原则 7

给他人一个不会辜负的美名。

原则 8

采用鼓励的方法，让错误显得容易纠正。

原则 9

让他人乐意去做你期待的事情。

成名的捷径

有关戴尔·卡耐基的传记信息是原著《人性的弱点》的引导部分。在此重印是为了给读者提供有关戴尔·卡耐基更多的背景信息。

那是 1935 年一个寒冷的冬夜，2500 位男士、女士挤入纽约宾夕法尼亚饭店的舞厅中。到 7 点半时，这宽敞无比的舞厅已是座无虚席，全部客满，到 8 点钟，热切的人们还在继续蜂拥而入。宽敞的阳台不久也被挤得水泄不通，不一会儿，要找个站立的地方都不容易了。数以千计的人忙完 整天的工作后，竟然在这里站了一个半小时……看什么？

观赏时装表演吗？是为期 6 天的自行车赛，还是克拉克·盖博的实况演出呢？

不，都不是。这些人是被报上一则广告吸引来的。两天前，他们在纽约《太阳报》上看到一则占据整个版面的广告。那幅广告上赫然刊登着：

学习有效演讲，培养领导艺术

不足为奇？信不信由你，在这个世界最繁华的都市里，经济不景气，有 20% 的人口依赖救济金生活的时候，居然有 2500 人由于看到那则广告，匆忙离家赶往宾夕法尼亚饭店。

对这则广告做出回应的人均来自商业阶层的上层——高级职员、雇主以及职业人士。

这群人是来听一门最新颖、最实用的名为“有效演讲，打动商人”课程的开班课。该课程由戴尔·卡耐基的有效演讲及人际关系研究所主办。

那 2500 位工商界男女，为什么来参加这次培训班？

是因为经济不景气而产生的求知欲？

显然不是的。在过去 24 年中，这种研修课程，在纽约市每一季都有。在那期间，1500 多位商界及职业界人士接受过戴尔·卡耐基的培训。甚至那些大型的，宁愿守旧，不轻易听信人言的机构，像“西屋电器公司”“马克意尔出版公司”“布鲁克林联合煤气公司”“布鲁克林商会”“美国电气工程师协会”和“纽约电话公司”等，为了他们普通职员和高级职员的便利，都在自己的机构里举办了这种培训班。

这些人在离开小学、中学或者大学 10 年或 20 年之后，再来接受这项培训，说明我们的教育制度有着惊人的缺陷。

成年人到底要学习些什么？这是一个重要的问题，为了找出答案，芝加哥大学、美国成人教育协会以及联合青年会学校，曾经花两年时间做了一项调查。

那项调查显示，成人们最注意的是健康，其次是培养处理人际关系的技巧——他们要学习与人交往和影响他人的技巧。他们不希望成为一个演说家，也不想听那些离谱的心理学讲座，他们希望听到可以立即用于工作、社交、家庭中的建议。

所以，那就是成人所要研究学习的，是不是？

“是的，”那些调查者说道，“很好，如果那就是他们所需要的，我们就把这些提供给他们。”

他们四处找寻教本，结果发现从来没有人写过这类书以帮助人们解决人际关系中的日常问题。

这可是个尴尬局面！几百年来，关于希腊语、拉丁语以及高等数学的著作颇多，而一般成人是不关注这类著作的。可是对于他们急于想学习、热切盼望得以指导和帮助的书籍，一本也没有。

寒冷之夜有 2500 人为那则广告迫切地挤进宾夕法尼亚饭

店的大舞厅，很显然，这里终于有了他们寻求已久的东西。

他们从前在学校看过很多的书，相信自己从中得到的学识可以解决一切问题。

在高中及大学时代，他们认真读书，相信只有知识是获取经济和职业回报的金钥匙。

可是在事业中挣扎数年后，他们感到深深失望了！他们发现有些事业最成功人士，除了拥有知识，他们还善于谈吐，能赢得他人的赞同，能够推销他们自己及观点。

他们不久发现，期望戴上船长的帽子、驾驶一艘商船、拥有良好人格和口才，远比运用拉丁文动词或者拥有哈佛的文凭重要。

纽约《太阳报》的广告上指出，这次集会非常有趣。事实上也确实如此。18 个曾经参加过该课程的人，被请到扩音机前，其中 15 个人得到 75 秒钟时间去讲述他们的故事。只有 75 秒钟的演讲时间，接着是“砰”的一声击槌声，主席大叫：“时间到，下一位！”

这件事进行之迅速，就像一群水牛奔过大平原，而观众站立一个半小时，就观赏这样的表演。

这些演讲者来自各行各业：包括几位销售代表、一位连锁商店高级职员、一位面包师、一位商贸协会会长、两位银行家、一位保险代理人、一位会计、一位牙医、一位建筑师、一位杂货店老板——他从印第安纳波利斯来纽约参加该课程、一位律师——他从哈瓦那来准备自己那重要的演讲。

第一位演讲者是帕特里克·奥海尔，生长在爱尔兰，只读过4年书，在美国漂泊度日，做过机械师，后来当了驾驶员。

他已40岁了。家里人口渐渐增多，需要更多的钱来维持生计，所以他改行尝试销售卡车。奥海尔说他有严重的自卑感，在去一家办公室前，总要在外面徘徊很久，才能鼓起勇气推门进去。做这项推销员的工作，他感到灰心至极，正准备回到机械厂，做他原来的老本行时，有一天他接到一封信，邀请他参加卡耐基的有效演讲课程。

他不愿意参加这个培训班，因为他怕跟那些上过大学的人交往，担心自己会与他们格格不入。

可是他妻子坚持要他去，她说："帕特，那也许对你会有点益处。上帝知道你需要这些。"他来到集会的地方，在人行道上站立了5分钟，才鼓起勇气走了进去。

开始几次，他尝试着在众人面前讲话，但都因为怯场而不知所措。可是几个星期后，他已消除了对听众的害怕心理，不久还发现他喜欢演讲——听众愈多，愈感到高兴！他也消除了对个人和上司的恐惧感。他把自己的观点呈现在他们面前，不久就被调到销售部。他已经成为所在公司的一名受人欢迎的重要成员。今晚，在宾夕法尼亚大饭店里，帕特里克·奥海尔站在2500名观众面前，极其愉快地讲述了他的成功故事。观众中爆发出一阵阵欢呼声。即使是职业演讲者也很少有能取得他那样演讲效果的。

接下来的演讲者歌德弗雷·迈耶，是一位满头银发的银行家，也是一位拥有11个孩子的父亲。在培训班第一次演讲时，他几乎是张口结舌，脑子也停止了工作。他的经历生动地证明了一个能说会道的人是如何成为领导人的。

迈耶在华尔街工作，他已经在新泽西州克里夫顿居住了25年，在那期间，他从未积极参加过各项社区活动，所认识的人只有500个左右。

在参加卡耐基的课程后不久，他接到一张税单，大为恼火，因为他认为收费不合理。通常他会坐在家里生闷气，再不就是跟邻居发发牢骚。可是这次他戴上帽子，来到镇议会所，指出税单上的不合理之处，发泄他心头的愤怒。

那次谈话的结果是，新泽西克里夫顿镇的市民都力劝他参加镇议会选举。他接受了他们的建议，有好几个星期他到各处公共活动的集会场所，在演讲中指出政府当局的奢侈、浪费。

参加竞选的有96人，计票统计显示，迈耶得票最多。在这4万人口的镇上，迈耶几乎一夜之间成了一位公众人物。他演讲的结果是，他在6个星期里所交的朋友是过去25年中所得到的朋友的80倍。

迈耶做镇议员后每年的收入，是他投资在卡耐基课程中的1000倍。

第三位演讲者，是一家全国大型食品制造协会的老总。他讲到了自己当初不能在董事会前陈述自己观点的经历。

由于他能够独立思考，接着便发生了两件惊人的事情。他不久被选为该协会会长。这一席位要求他在全国各集会上做演讲。演讲的摘要由美联社发布，刊登在全国各报纸和商业刊物上。

在参加有效演讲培训的两年内，他为公司和产品所获得的免费宣传，要比过去耗费25万美元的广告费效果还大。这位演讲者承认，以前电话邀请曼哈顿地区的一些商界重要人士吃午饭时，他就会感到心惊胆战。可是，由于他演讲所获得的声誉，现在这些人打电话邀他吃饭，还为占用他的时间而道歉。

演讲的能力是一个人成名的捷径，使他鹤立鸡群，成为众人瞩目的中心。讲话得当的人，能获得其只靠才学未必能获得的功绩和效果。

现在一场成人教育运动正席卷全国，在这项运动中，拥有最大影响力的，非戴尔·卡耐基莫属。他曾经聆听并评论过许多成年人的演讲。据里普利的一幅“信不信你由你”漫画所称，卡耐基曾评论过15万次演讲。如果这个数目还没有给你留下印象，现在让我们把这数目做另外一个解释，那就是从哥伦布发现美洲算到今天，几乎每天有一场演讲。或者再做一个比喻，如果所有在卡耐基面前演讲的人，每人只有3分钟的时间，一个接一个地在他面前出现，要用整整10个月时间，且日夜不停，才能听完。

卡耐基本人那充满鲜明对比的事业就是一个绝佳的例证：一个有着原创精神和炽热情感的人所能取得的成就。

卡耐基出生在密苏里一个离铁路10英里远的农场上。12岁以前，他没有见过一辆电车，然而到了46岁时，他却对从香港到哈默菲斯特的世界各个角落了如指掌，有一次他都快抵达北极了。

这个密苏里孩子从前捡草莓、割牛蒡，每小时挣5美分，现在却成了大公司高级职员自我表达艺术的高薪培训师。

这位昔日牧童，后来到了伦敦，并在王室的赞助下举行过自己的演讲。

这个前6次在公众面前演讲完全失败的人，后来做了我的私人经理。我的成功大多归功于戴尔·卡耐基的训练。

年轻时候的卡耐基不得不为接受教育而奋斗，因为厄运一直不停地狠命撞击着密苏里西北部的那个老农场。“102”河的河水年复一年地暴涨，淹没了玉米，冲走了干草。一季又一季，养的猪病死于瘟疫，牲口市场极度低迷，银行则威胁要取消赎取抵押品的权利。

家人失望之极，索性卖掉了农场，在密苏里州华伦斯堡的州立师范学院附近重新购置了一个。当时在镇上一块钱就可以获得食宿，可是年轻的卡耐基就连这点钱也掏不起。所以他住在农场上，每天骑马3英里往返于学校。在家里，他挤牛奶、劈木柴、喂猪、在煤油灯下研习拉丁文动词，直到视线模糊、打起盹儿来为止。

即使午夜才上床，他仍把闹钟拨到凌晨3点。他父亲饲养一批美国的纯种杜洛克大红猪，然而那些小猪在寒冷的夜晚有冻死的危险，所以要把它们放在篮子里，盖上麻袋，搁置在厨房炉灶的后面。按照这些小猪的习性，凌晨3点左右需要吃热的食物。所以当闹钟声响起，戴尔·卡耐基立即从被窝里爬起来，把篮子里的小猪送到它们母亲身边，等它们吃过奶后，再带回到厨房炉灶边温暖的地方。

那所州立师范学院有600名学生，戴尔·卡耐基是没钱住在镇上的五六个学生之一。他羞愧于那种每天必须骑马回农场、夜间挤奶的贫困，也为自己的衣衫太紧、裤子太短而难为情。很快他就产生了自卑心理，但他努力找寻着一种成名的捷径。他很快发现学校里有些人享有影响力和威望——那就是足球、棒球队的队员以及演讲辩论比赛的优胜者。

卡耐基知道自己没有运动的天赋，他决意要赢得一场演讲比赛。他花了几个月的时间去准备自己的演讲。他在疾驰于学校和家之间的马背上练习；他在挤牛奶的时候练习；他爬上仓库的一堆干草堆，饶有兴趣、声情并茂地就当天的话题高声演讲，惊得一群鸽子四散而去。

尽管卡耐基做了精心准备，可结果还是一次接着一次的失败。他那时 18 岁，敏感而又自傲。他变得如此泄气、如此消沉，甚至都动了自杀的念头！可是后来他在学校里突然开始获胜，不是一场演讲比赛，而是每场演讲比赛。

别的学生恳请他予以指导，结果他们也获胜了！

从学校毕业后，卡耐基开始向内布拉斯加西部和怀俄明东部的沙丘农场主出售自己的函授课程。尽管卡耐基付出了无限的精力和热忱，可是没有任何的进展。他失望至极。中午回内布拉斯加联盟的一家旅馆，扑倒在床上，失声痛哭起来。他渴望回到学校，渴望摆脱生活的苦难，可还是身不由己。于是，他决定前往奥马哈市另谋出路。由于没钱买火车票，他不得已只有搭乘货运火车，一路上以饲喂两车野马的工作抵作车费。抵达奥马哈市南部后，卡耐基找到了一项工作，是替一家亚马公司兜售咸肉、肥皂和脂油。他负责的区域是远在南达科他西部以奶牛饲养以及印第安人群居为主的人迹稀少的地区。卡耐基搭乘货运火车、长途马车，或是骑着马往返这个地区，晚上住宿在简陋的小旅馆中，房间之间仅有一块薄棉布相隔。他研究过推销术方面的书籍，做过驯马师，跟印第安人玩过扑克牌，还学过如何收账。比如，当一个内地店主付不起咸肉及火腿的货款时，戴尔·卡耐基就从他的货架上取走一打鞋子，卖给铁路工人，然后将货款收据寄往亚马公司。

他每天搭乘货运火车走上 100 英里的路程，那是常有的事。当火车停下卸货时，他会赶去城里，见上三四个商人，取走他们下的订单。当火车汽笛声响起时，他又急匆匆地沿街往回赶，待跳上车时，火车已经启动。

卡耐基接手一个毫无成效的区域还不到两年，他的销售业绩在直通南奥马哈的 29 条线路中，排名从第 25 位一跃成为第 1 位。亚马公司主动提出晋升他的职位，说："你取得了过去似乎不可能的成绩。"不过，他拒绝了晋升，还辞职去了纽约，在美国戏剧艺术学院深造，并在全国巡回演出的《马戏团的波利》中扮演哈特利博士。

可是卡耐基有自知之明，他知道自己永远成不了布斯或者巴里莫尔，于是他又回到推销工作岗位上，成了派凯特汽车公司的一名推销员。

卡耐基对机械一无所知，他也不愿意去研究。虽然极不愉快，但他每天勉强自己去工作。他渴望有时间去学习，去撰写在学校时就梦想过要写的书。卡耐基又辞职了，他把白天的时间用于写故事和小说，晚上去夜校教书，以此来维持生计。

可是教些什么呢？卡耐基回顾了自己在大学里的学习过程，发现演讲术的训练比起其他所有课程，更能给他自信、勇敢、沉着以及与商人打交道的能力。于是就恳请基督教青年会所属的各学校给他一个机会，让他为商界人士开设演讲术的培训班。

什么？把商人培养成演说家？简直荒谬至极！基督教青年会的人士知道这一点。他们尝试过这类课程，可是总以失败告终。他们拒绝付卡耐基每晚 2 美元的酬劳，卡耐基却同意以佣金的方式来教授课程：如果有利润的话，他拿纯利润的一定比例。3 年内，他们按照佣金制度支付他的是每晚 30 美元。

卡耐基的培训班渐渐扩大开来！别处的基督教青年会、其他的城市也知道这件事，卡耐基成很快成了一位大名鼎鼎的巡游讲师，其范围包括纽约、费城、巴尔的摩以及后来的伦敦和巴黎等地。所有教材都太学术化，对那些趋之若鹜的学员来说一点儿都不实用。有鉴于此，他写了一部名叫《演讲术说服商人》的著作。这部书成了所有基督教青年会以及美国银行家协会和全国信用调查者协会的正式教本。

戴尔·卡耐基声称，所有人在情绪激动之时都能讲。他说，如果你在街上将一个最无知的人一拳击倒，这人会马上爬起来，用雄辩的口才和炽热的情感振振有词，那架势几乎可以与世界知名的演说家威廉·詹宁斯·布莱恩在其事业巅峰时相媲美。卡耐基还声称，任何一个人，如果有自信，而心中又孕育着一种非常炽烈的意念，都能在公众面前做出动人的演讲来。

他认为培养自信的方法，就是去做你怕做的事，并为自己创下一个成功经验的记录。所以卡耐基在每次上课时，都强迫每一位学员讲话，台下的听众都具有同情心。他们的处境相同，通过不断的训练，他们获得了勇气、自信和热情，这些品质自然融进了他们的私人谈话。

卡耐基总会告诉你，这些年来他维持生活的，不是靠教授演讲术的收入——教授演讲只是附带的。他主要的工作是帮助人们克服恐惧心理和培养勇气。

卡耐基起初只是设立一项公共演讲术课程，可是去他那里的学生都是商界人士，其中很多人已有30年时间没进过教室。大部分学员的学费都是分期付款的。他们希望获得效果，很快地获得效果——在第二天商务接洽或是团体面前讲话上就能运用的效果。

所以卡耐基不得不加快速度，变得更为实际。因此，他开发出了一种独一无二的训练体系，即融演讲术、推销术、人际关系和运用心理学于一体的训练体系。

他不拘泥于刻板的规则，开发了一门真实无比、乐趣无穷的课程。

当课程结束时，班里的学员自己组织起一个俱乐部，每隔一星期集会一次。17 年来，费城有个 19 人的俱乐部一直坚持在冬天每月集会两次。有些学员旅行 50 ～ 100 英里的路程去听课，其中有一名学生每周往返于芝加哥与纽约之间。哈佛大学教授威利姆·詹姆士说："一般人只运用了自己心理潜能的十分之一，而卡耐基通过帮助商业人士开发各种潜能，在成人教育中倡导了最有意义的一场运动。"

罗威尔·托马斯

1936 年